Patricia E. Castillo Canelas

FAMILIAS DE ALCURNIA EN LA HISTORIA HONDUREÑA

ERANDIQUE

COLECCIÓN

FAMILIAS DE ALCURNIA EN LA HISTORIA HONDUREÑA
PATRICA E. CASTILLO CANELAS

©Colección Erandique
Supervisión Editorial: Óscar Flores López
Diseño de portada: Andrea Rodríguez
Administración: Tesla Rodas—Jessica Cordero
Director Ejecutivo: José Azcona Bocock
Primera Edición
Tegucigalpa, Honduras—Diciembre de 2024

PRESENTACIÓN

El principal mérito del libro de Patricia Castillo es el metodológico: "estudio histórico-genealógico". En este libro, por primera vez, de manera sistemática y con sendos cuadros ilustrativos, Castillo aborda los grados de parentesco de cinco familias de alcurnia en   Honduras entre los siglos XVIII y el siglo XX recurriendo a instrumentos electrónicos contemporáneos y actualizados. Castillo es una experta en el uso *MyHeritage tree familia builder versión 7.0. de GEDCOM-MyHeritage Corp.* (2010), cuyo portal es accesible gratis mediante el enlace, https://www.familysearch.org/. Quien esto escribe recién ha explorado en este recurso por internet para fundamentar la estructura de parentesco de la ascendencia y descendencia en numerosos personajes en una biografía de un finquero bananero desde mediados del siglo XIX hasta la década de 1950.

Otro mérito de este libro es que Castillo ubica su metodología en un marco historiográfico particular, la historiografía de familias de alcurnia en Honduras. En Guatemala, según Marta Casaus Arzú, la transición de la década de 1980 a la 1990, las antiguas familias coloniales centroamericanas que persistieron en el poder a comienzos del siglo XX, elaboraron "un nuevo discurso ideológico neoliberal para retomar el poder político", ello en gran parte como respuesta a las insurrecciones militares que guerrillas de izquierda montaron en la región desde fines de la década de 1970.

Ello, claro, sucedió sobre todo en Guatemala, El Salvador y Nicaragua. En Honduras, algo distinto sucedió, pero, aun así, argumento Casaus Arzú, en Honduras la transición a la década de 1990, con la presidencia de Rafael Leonardo Callejas (1943-2020) entre 1990 y 1994, aquí también se dio una "metamorfosis de las oligarquías" coloniales.

Castillo reconoce que hace dos décadas quien escribe cuestionó el argumento de Casaus Arzú. Según Castillo, la mayoría de las familias hondureñas de mediados del siglo XX con presencia presidenciales carecían de trayectoria coloniales, especialmente los casos de Soto Martínez, Carías Andino, Callejas Romero, Flores Facussé o Maduro Joest. Castillo reconoce que los antepasados de estos apellidos surgieron, con poder, entre finales del siglo XIX e inicios del XX, ello "al fusionar sus capitales e influencia política mediante lazos matrimoniales".

Durante la transición al Siglo XX, con el nuevo ciclo minero en el sur y en los alrededores de Tegucigalpa, junto con el ascenso de la economía bananera en la Costa Norte, la vieja "oligarquía terrateniente minera" no solo perdió su hegemonía sobre el poder político dentro de la Alcaldía de Tegucigalpa, también fue incapaz de contrarrestar el predominio del capital extranjero y de aprovechar la acumulación comercial e industrial de la época.

De hecho, nunca pudieron sostener una hegemonía política sobre el estado moderno cuya historia económica trazamos ya en el ensayo anterior. En fin, fue un caudillismo ultramontano, representado por los dos partidos tradicionales, que monopolizaron el poder de la Alcaldía de Tegucigalpa y también dentro del Estado nacional.

Es más, como lo informó el embajador estadounidense John Ewing (1857-1923) en Tegucigalpa en 1914, "las clases altas [hondureñas] aúnan riqueza, educación y refinamiento, y realmente constituyen el elemento gobernante y dominan toda la acción pública. No hay, sin embargo, unidad de propósitos o de acciones entre ellos. Están divididos en incontables facciones, cada una de las cuales representa algún individuo de habilidad intelectual dominante o cualidades de liderazgo o posesión de tales encantos personales que atraen a otros hombres hacia ellos". Sin embargo, si bien estas "clases altas" incluían elementos de "alcurnia colonial," en general conspiraban entre sí y se ajusticiaban entre, incluyendo con violencia letal, sobre todo en el siglo XIX, décadas después de la Independencia de España en los 1820s.

Cabe destacar que, durante el siglo XIX, tres presidentes hondureños fueron ejecutados o asesinados, y varios se exiliaron o fueron exiliados al final de sus gobiernos; algunos murieron en esa condición, fuera de Honduras. Otros solo regresaron a morir a su patria luego de sus exilios. Por ejemplo, Joaquín Rivera fue ejecutado en 1845; José Santos Guardiola en 1862 fue asesinado por miembro de su propia Guardia Presidencia. El General y presidente José María Medina en 1878 también fue ejecutado por un Consejo de Guerra. En este último magnicidio desempeñaron papeles importantes un presidente en funciones, Marco Aurelio Soto (1876-1883) y dos futuros presidentes: el general Luis A. Bográn Barahona (1883-1891) y el general Manuel A. Bonilla (1903-1907 y 1912-1913).

Durante su primer gobierno el General Bonilla, luego de un Golpe de Estado en 1904, mantuvo preso al Dr. Policarpo Bonilla, quien fungió como presidente entre 1894 y 1899, y quien forzó el exilio del expresidente Luis Bográn, quien a la vez murió exiliado en Guatemala en 1895.

El Dr. Bonilla murió exiliado en 1926; ese mismo año murió en La Ceiba el expresidente Francisco Bertrand, sucesor en la presidencia luego de la muerte del General Bonilla en 1913. Bertrand en 1919 se exilió en medio de una guerra civil que el mismo desato cuando quiso imponer su cuñado en la presidencia. Regreso a Honduras solo a morir. El próximo año, en 1927, murió exiliado en Guatemala aun otro ex presidente de Honduras, Juan Angel Arias, quien fungió como presidente en 1903.

Este caos político entre, en su mayoría, miembros de familias de alcurnia de Honduras, en gran parte se debió, como hemos argumentado en distintas investigaciones publicadas, por el hecho que el principal recurso de acumulación de capitales en Honduras en el siglo XIX fue el Estado concesionario; ello dado que el capital extranjero acaparó las principales exportaciones desde Honduras al capitalismo global de esa época: la riqueza minera y la economía agroexportadora del banano.

Es más, la mayoría de los nuevos espacios comerciales e industriales del siglo actual los ocuparon, primero, los alemanes, y en menor escala otros extranjeros europeos, y, en segundo lugar, los inmigrantes árabe palestinos, así también desplazando las antiguas familias de alcurnia como las que perfila Castillo en este libro.

Los alemanes estrecharon relaciones de parentesco con familias hondureñas, pero el General Tiburcio Carías Andino, durante la Segunda Guerra mundial, presionado por el gobierno norteamericano, intervino a los negocios alemanes, y la persecución posterior le restó status social y político a la vieja y poderosa colonia alemana, lo que por supuesto afianzo el poderío económico norteamericano.

Por otro lado, las primeras generaciones árabe palestinas se mantuvieron al margen de la vida social y política del país. Pero a partir de los 1950, los árabe-palestinos lentamente estrechan relaciones matrimoniales con viejos y nuevos ricos. Por lo tanto, si hubo metamorfosis en la oligarquía de Honduras, este proceso no se dio en la década pasada; el proceso se inició durante la transición al siglo actual, en el marco general de la nueva integración de la economía hondureña al mercado mundial mediante la plata y el banano. Y más importante aún, la metamorfosis fue tal que ni los Callejas ni otras familias con mucho mas abolengo colonial detentan hoy el poder económico en Honduras, incluso las que perfila Castillo en este libro.

De manera que la metodología que instrumentaliza este libro sin duda servirá como modelo para abordar otras historiografías hondureñas.

Darío A. Euraque
Agosto 2023

Agradecimiento:

Al haber concluido este estudio histórico genealógico de algunas familias de alcurnia en la historia hondureña durante los siglos XVIII y XX, quiero expresar mi más profundo agradecimiento al Doctor Darío A. Euraque, quien con mucha paciencia leyó, no una sino varias veces el manuscrito hasta dar con el contenido final que ahora se presenta a consideración del público.

Gracias, Doctor Euraque, por su guía, sus comentarios y acertados consejos.

LA AUTORA

Contenido

I.   Historiografía

El estudio historiográfico de familias de alcurnia en Honduras es fundamental para comprender como a través de las distintas relaciones de parentesco, poder e influencia, se conformaron no solo centros de formación de vínculos afectivos-emocionales, sino todo un enramado de relaciones político-comerciales, de clientelismo y de compadrazgo burocrático. Desde la colonia española, estas redes fueron conformadas por grupos de familias oligárquicas que se unieron entre sí a través de lazos matrimoniales y asociaciones de negocios, estudiaron en los mismos centros educativos, convivieron en la misma región o en un área de influencia cercana, donde formaron parte de los mismos clubes o centros religiosos, políticos y culturales. Sobre todo, estas familias eran parte de un mismo círculo étnico que les permitió mantener su estatus en el que no había cabida formal para otros grupos distintos a ellos. Estos factores fueron básicos e indispensables por medio de los cuales pudieron sobrevivir los diferentes procesos históricos, semejantes un tanto a Guatemala (Casaus, 1994).

A lo largo de la historia se han entretejido miles de relaciones familiares; sin embargo, la historiografía hondureña las ha dejado a un lado para enfocarse en aquellos individuos (hombres, sobre todo) catalogados como personajes influyentes que desempeñaron un papel central en la historia política o militar. Estos acumularon prestigio y una gran cantidad de recursos económicos e influencias en asuntos públicos y privados; sin embargo, referentes a sus vidas en familia semejante información es escasa. Algunas biografías fueron publicadas durante los primeros años del siglo XX que contribuyeron a comprender aspectos históricos de nuestra realidad.

En octubre de 2019, el Doctor Darío A. Euraque abordó el tema sobre la investigación biográfica y su incidencia en la historiografía nacional[1]. Expuso en el seminario "Teoría y método del género biográfico" la necesidad de abordar la temática bajo aspectos técnicos y metodológicos que permitan interpretar, comprender y explicar de manera científica los distintos

---

[1] Seminario desarrollado entre el 22 y 26 de octubre de 2019 en la Universidad Nacional Autónoma de Honduras (UNAH).

sucesos de la realidad nacional. Sobre todo, se concentró en cómo abordar el tema mediante la aplicación de métodos y técnicas sobre el estudio genealógico.

Trabajos recientes sobre temas relacionados son la tesis de Óscar Zelaya (1992) que tipifica algunas familias mineras/ganaderas de Tegucigalpa entre 1839 y 1875; el trabajo de Ismael Zepeda (2005) sobre los Midence Soto desde sus inicios alrededor de 1670 y el de Libny Ventura (2009) sobre la familia Lara en el Occidente del país entre 1580 y 1838. Otros trabajos contribuyeron enormemente a entender aspectos de la mecánica del entretejido de los lazos familiares y facilitaron en gran medida el desarrollo de esta aproximación genealógica de algunas familias hondureñas de alcurnia, especialmente de Tegucigalpa y su área de influencia, ver en particular los trabajos de Darío A. Euraque (1991, 1992, 1996, 2001. 2009, 2018, 2019) relacionados con la formación de capitales, los grupos oligárquicos, las elites de poder en Honduras y la influencia que factores externos han ejercido social, cultural y económicamente en Honduras sobre todo en el siglo XX.

A nivel regional, muy importantes también son los trabajos de Marta Casaus Arzú (1993, 1994) sobre los cambios y la permanencia de las oligarquías y redes familiares a través del tiempo en la región centroamericana y el de Teresa García Giraldez (1996) sobre la formación de la patria en el ideal oligárquico. Desde otro punto de vista, vemos en Porfirio Pérez Chávez (2006) la influencia y el poder que ejercieron la Iglesia Católica y la oligarquía económica sobre el gobierno a mediados del siglo XIX, a tal punto de derrocar gobiernos si las políticas públicas emitidas desde el ejecutivo afectaban sus intereses. Estos, unidos como un solo bloque, buscaron eliminar todos los obstáculos que representaba una amenaza a sus capitales. Más reciente aún está el trabajo de Marvin Barahona (2019), el cual se enfoca en la insatisfacción de las necesidades sociales por parte del Estado, denunciando la colusión de los grupos económicos y políticos a fin de no emitir políticas que favorezcan a la colectividad para mantenerla sometida e ignorante.

Es así como al considerar los trabajos antes mencionados y otros, analizados los procesos formativos de las redes familiares[2] y cómo estas han manejado las alianzas matrimoniales y de negocios, procuramos adecuarlos y aplicarlos al estudio de solo ciertas familias de alcurnia en la historia de Honduras hasta el siglo XX, especialmente las familias Díaz del Valle, Herrera Díaz, Reyes Vallecillo, Morazán Quezada y Guardiola Arbizú. Ello nos ha facilitado también proyectar una aproximación genealógica de esas familias que en algún momento de sus vidas uno o varios de sus miembros se entrelazaron entre sí, incrementando, diversificando y ampliando la parentela y los negocios para mantener su poder económico e influencia. Las familias objeto del presente estudio establecieron y mantuvieron relaciones económicas-políticas y de clientelismo. Emparentaron vía matrimonio y a través de otras relaciones maritales con influyentes familias no sólo de la sociedad colonial, pero también de la sociedad republicana dentro de la cual orbitaron. Sus hijos ocuparon importantes cargos en la administración real, eclesiástica y militar, así como dentro del gobierno municipal y central.

El caso de las mujeres es de particular importancia ya que su actuar generalmente estaba orientado a la reproducción, a ser transmisoras de su conocimiento y administración del hogar, a hacer perdurar valores morales y espirituales en sus hijos. Sobre la mujer en la época colonial hondureña ver Oyuela (2001) segunda edición páginas 19-54. El recorrido de las mujeres a través de la historia hondureña ha estado plagado de dificultades y desigualdades; las mismas leyes han subordinado su papel a la autoridad masculina y han sido catalogadas miembros familiares de segunda categoría, situación que no cambio con la independencia (Villars, 2001). Fue hasta la segunda mitad del siglo XX cuando obtuvieron el derecho al sufragio; sin embargo, aún no se ha alcanzado una igualdad plena de derechos.

Estas mujeres fueron las esposas, compañeras, hijas, hermanas, sobrinas, madres y viudas que, al lograr sobrevivir a sus acaudalados y muchas veces trágicos esposos se convirtieron en albaceas del patrimonio familiar. Su protagonismo dentro de la historia es fundamental pues también estaban obligadas a mantener, hacer perdurar y en algunos casos incrementar

---

[2] Conceptualizando a Casaus (1994) y Vilas (1998), podemos decir que las redes familiares están conformadas por aquellas familias que forman parte de la élite de poder, son los grupos oligárquicos existentes en cada país cuyos miembros están unidos por lazos matrimoniales y/o de negocios. Estas familias tienen una larga historia a través de la cual han ido incorporando nuevos miembros afines a sus intereses.

esas fortunas para luego cederlas a los herederos varones de la familia ya que las leyes y normas del momento las consideraban herederas *transitorias o circunstanciales*. Durante más de un siglo las mujeres no podían realizar actos mercantiles sin la autorización del padre o del marido. Fue hasta finales del siglo XIX en que se le consideró *sujeto de herencia con capacidad para manejar su patrimonio*. En *Cuatro hacendadas del siglo XIX*, Leticia de Oyuela detalla el caso de algunas mujeres que heredaron los bienes de sus maridos, pero que luego *de largos juicios y engorrosos trámites judiciales y administrativos* muchos de esos capitales se disolvieron. Fueron los más favorecidos en estos procesos *los abogados, albaceas y peritos* (1989: 16).

También, en *De la corona a la libertad* (2000: 142) la misma autora presenta otra situación similar cuando Pedro Mártir de Zelaya (-5 diciembre 1797) *hereda a sus hermanas Juana Mariana, Antonia Josefa y María Tomasa extensas haciendas en Olancho* (las haciendas en cuestión eran San Antonio de los Horcones, El Coyolar y Junquillo), pero se les negó el derecho a las mismas *ya que su madre Manuela Zepeda no aportó bienes rurales en esa localidad*. En consecuencia, la herencia pasó a manos de su sobrino José María Zelaya, hijo de Santiago Zelaya. José María se casó con Mercedes Garay, hija de Santiago Garaycochea.

Aun con todas esas dificultades y privaciones, todas fueron mujeres abnegadas en una sociedad patriarcal, pero quienes en realidad dieron forma y sentido a la red familiar. Demostraron valentía y responsabilidad en su papel de *proveedoras y administradoras* no solo en el manejo *doméstico* sino también en el manejo de *hatos ganaderos, haciendas, minas* y en el *comercio*. Así perduran las mujeres de alcurnia después de la independencia (Oyuela; 2001: 30, 57-158).

Concluimos, pues, diciendo que las familias escogidas para este trabajo son familias representativas de su época en las esferas elites de Honduras. Se ajustan a la formación y transformación de redes familiares o elites de poder entre la colonia española y fines del siglo XIX. De ellas se desprendió todo un ramal de hijos, nietos, bisnietos, tataranietos…, hermanos, primos, sobrinos, cuñados y más que vivieron, soportaron e influyeron en diferentes acontecimientos de la historia a lo largo de los siglos aquí estudiados. Son familias de larga trayectoria con intrincados lazos familiares, cuyo surgimiento y desarrollo se ajusta al objetivo principal de este estudio histórico-genealógico: establecer de manera gráfica, organizada y sistemática, las relaciones familiares entre los diferentes grupos que mantuvieron su permanencia dentro de una estructura de poder en un tiempo histórico dado.

Con ello podemos situar a cada miembro dentro del conjunto de parentescos por consanguinidad y/o afinidad, su participación sociopolítica a nivel local y regional a partir del siglo XVIII o antes en algunos casos. Para poder realizar y adaptar los gráficos genealógicos detallados sobre todo en el anexo "a" de este estudio, se utilizó el programa *MyHeritage tree family builder versión 7.0. de GEDCOM-MyHeritage Corp.* (2010). También, para facilitar aún más la comprensión de las relaciones familiares dentro de cada grupo de familias estudiadas, se ha incorporado un cuadro descriptivo de sus descendencias hasta por lo menos una 6ª o 7ª generación. Cada familia cuenta con uno o más de los 29 gráficos que permiten determinar y ubicar a los miembros en cada grupo familiar y su relación con otras familias dentro del entramado de familias que forman una red. Esta es la principal importancia historiográfica de este trabajo.

Comienza la historia de nuestras familias con la llegada de inmigrantes comerciantes y funcionarios reales[3] con autoridad y poder autorizados por la Casa de Contratación entre finales del siglo XVII y durante los siglos XVIII y XIX.

Estos radicaron en zonas mineras-comerciales y contrajeron matrimonio con hijas de respetables familias españolas/criollas ya establecidas propietarias de tierras, hatos ganaderos y/o con negocios agro-comerciales dando origen a otros grupos familiares a través de la unión

---

[3] Las licencias para comerciar en las Indias eran concedidas a aquellos naturales o naturalizados en los reinos de España para *poder tratar y contratar en las Yndias* de su *magestad como los naturales destos reinos por su persona...* (Moreno L, 1938: 441-454). Además, la real cedula de 1549 prohibía el traslado a las Indias de toda persona con oficio de *gobernadores, alguaciles, escribanos, regidores, oidores... que siendo casados no llevasen a su mujer.* De igual manera era prohibido dejar pasar a *mujeres solteras, frailes y clérigos sin licencia de su magestad* (Martell, 1990: 94). Los mejores cargos eran el de *Tesorero, Contador de Provincia y Gobernadores,* estos especialmente tenían cierta *cuota de poder y capital* y además un porcentaje de prestigio que cubría no solo a su familia (esposa e hijos), sino también a *parientes, criados, amigos y esclavos* (Gómez P., 1999: 48-49).

entre primos, sobrinos, cuñados, viudos o viudas. Con este tipo de casamientos entre miembros de la misma familia, que era frecuente, se pretendía preservar y mantener el linaje familiar, la pureza de sangre, conservar su hegemonía como clase social, su fortuna e influencia política. Sus hijos tuvieron acceso a centros de estudio en universidades y conventos dónde se adoptaron las ideas liberales de la ilustración europea, permitiéndoles posteriormente hacerse cargo de la administración pública y decidir sobre los destinos del país.

Una vez radicados, los recién llegados formaron alianzas matrimoniales (viudos en algunos casos) y comerciales para ensanchar sus actividades mercantiles: mineras, agrícolas, ganaderas. Cada uno de ellos participó en la administración colonial y en la administración del gobierno posterior a la Independencia e influyeron en la vida intelectual al ser parte de asociaciones culturales, científicas, políticas y religiosas. Los lazos familiares se extendieron y fortalecieron a través de las provincias y del océano; la configuración de la red familiar a través del tiempo se convirtió en una intrincada telaraña. Sus hijos formaron nuevas familias que se establecieron en la misma región o se asentaron en zonas donde desarrollar y ampliar las diferentes actividades económicas, políticas o burocráticas heredadas.

Así fue durante el todo el período de dominación del imperio español y así continúo durante el período republicano hasta finales del siglo XIX, formando grupos hegemónicos que les permitió sobrevivir los cambios sociopolíticos y económicos (Casaus, 1994). Las familias diversificaron sus actividades, permitiéndoles mantener su poder e influencia tal como lo haría cualquier empresa formada por diferentes socios con múltiples capacidades y capitales materiales.

Diana Balmori, Stuart F. Voss y Miles Wortman (1990) hace algunas décadas explicaron que este proceso inició a mediados del siglo XVIII, cuando un contingente de comerciantes extranjeros se unió mediante alianzas matrimoniales con hijas de familias criollas. Según este estudio existen tres fuentes de formación e información generacional representadas en el gráfico siguiente:

s XVIII

• inmigrantes establecen alianzas comerciales-matrimoniales (capital + tierras), generando nuevas oportunidades sociales, políticas y económicas: funcionarios reales, militares, religiosos...

s XIX

• ampliación y diversificación de capitales: hacendados, estancieros, mineros, etc. profesiones librerales, políticos, burócratas, formación partidos políticos, gremios, etc...

s XX

• afianzamiento de los herederos del poder económico, político e intelectual: formación de clubes y asociaciones culturales que les permitieran mantener su status...

Fuente: Balmori, Voss y Wortman (1990). Adaptación propia.

Si ese mismo esquema lo aplicamos al caso hondureño, encontramos lo que con la fórmula que a continuación se presenta queremos demostrar:

$$\sum \frac{\text{capital original}}{\text{tiempo}} = \frac{\text{matrimonio + comercio + tierras + cargos públicos + minas + inversión}}{\text{siglos XVIII - XIX - XX}} = \text{familias influyentes}[4]$$

En esta fórmula se explica como la sumatoria del factor capital original en sus diversas modalidades ha permitido desde el siglo XVIII que ciertas familias de alcurnia hallan mantenido influencia económica, social y política. Un mayor detalle del funcionamiento de esta fórmula se evidencia en los listados genealógicos de cada familia y en los cuadros generacionales que se encuentran luego de las conclusiones de este trabajo.

En el caso de las familias de alcurnia aquí estudiadas encontramos algunos aspectos interesantes relacionados a su continuidad en el territorio hondureño, pues sus hijos decidieron establecerse fuera de Honduras. Por ejemplo, la descendencia del General José Francisco Morazán Quezada (1792-1842), presidente de la República Federal de las Provincias Unidas

---

[4] Balmori, Voss y Wortman (Ob. Cit.) hacen referencia a la prominencia de una familia cuando esta, por la cantidad de recursos que posee, influye en los asuntos públicos y ejercen cohesión social sobre sus miembros. También hablan de la notabilidad de los individuos que forman parte de esas familias, por lo tanto, en este estudio utilizamos el término "familia influyente" para referimos a aquellas familias que han obtenido prestigio y renombre, que se han destacado y mantienen relaciones económicas, políticas y sociales e influencian de una u otra manera en el gobierno y la sociedad del país.

de Centroamérica entre 1827 y 1830, radicaron fuera de Honduras. Fue a través de los descendientes de sus hermanas Cesárea Josefa y Marcelina Josefa los que llegaron hasta nuestros días como una familia de larga trayectoria y que, al entablar relaciones matrimoniales con miembros de otras familias en su seno, encontramos personajes que incursionaron en el mundo de la política y los negocios.

Los hijos de José Cecilio del Valle (1777 - 1834), redactor de la declaratoria de Independencia de las Provincias de Centroamérica en 1821, prefirieron continuar viviendo en Guatemala donde entablaron relaciones con otras familias importantes. Liquidaron todos sus bienes en Honduras según *escritura pública* a favor del *minero, comerciante y político José María Lazo* (1806-1869), quien además era prestamista y hacendado con varias propiedades en Tegucigalpa y Choluteca (Oyuela, 2000: 297-303). Los restos mortales de este importante personaje descansan en la iglesia San Miguel de Tegucigalpa. Los hijos de José Dionisio de Herrera (1781-1850), primer Jefe Supremo del Estado de Honduras del 16 de septiembre de 1824 al 9 de mayo de 1827, se trasladaron a El Salvador y otras regiones. Algunos descendientes de los Xatruch, catalanes en su origen, pasaron a Nicaragua, los Guardiola Arbizú a El Salvador, Estados Unidos y Cuba. En cambio, por el lado de los Midence Romero radicados en territorio hondureño, varios de sus descendientes alcanzaron altos cargos en el gobierno municipal y central de Tegucigalpa.

Estas familias originadas entre los siglos XVIII y XIX lograron trascender social y políticamente manteniendo sus recursos económicos. A pesar de todas las variaciones en sus apellidos, como en el caso de los Midence, los Fiallos, los Zelaya, los Soto y otros, ha sido posible rastrearlos y comprobar un origen común dentro de la extensa relación familiar.

También, para sobrevivir, estas familias aceptaron en su seno en el transcurso de su historia a extranjeros con capital económico y cultural, con relaciones comerciales y/o diplomáticas. Por ello aparecen ligados a estas familias miembros con apellidos extranjeros como Valentine, Samayoa Klee, Pellecer, Zablaza, Valero, Boppel, Moon, Hoffman, Deshon, Montealegre y muchos más.

Los extranjeros, sobre todo europeos y norteamericanos, eran sinónimo de capital, avance tecnológico y estaban mejor capacitados para el trabajo especializado. Las diferentes leyes migratorias emitidas a partir de 1824 (con algunas excepciones) buscaban atraer migrantes que contribuyeran al desarrollo del país. Muchos de ellos fueron ingenieros en minas, constructores de obras públicas, caminos y comunicaciones. También hubo militares que contribuyeron a formar el ejército; músicos, médicos y maestros que formaron con sus ideas liberales a la juventud hondureña y se hicieron cargo de instituciones públicas. Entre finales del siglo XIX e inicios del XX los extranjeros siguieron llegando al país atraídos por las actividades mineras y bananeras y la consecuente diversificación de capitales.

Los ciudadanos alemanes en su mayoría se asentaron en la zona centro sur del país; allí desarrollaron sus actividades mercantiles logrando acumular un buen capital. Sin embargo, se vieron gravemente afectados cuando el gobierno hondureño mediante los decretos #2 del 9 de diciembre y #5 del 13 de diciembre de 1941, declaró la guerra a los gobiernos de Alemania, Italia y Japón. Las propiedades de los alemanes especialmente fueron confiscadas y vendidas a precios muy por debajo del valor real (Argueta, 1992 / Infante, 1993).

Los árabes, palestinos y judíos comenzaron a llegar durante la segunda década del siglo XX estableciéndose en la zona norte del país, extendiéndose posteriormente a otras regiones de Honduras. Sus hijos entablaron relaciones matrimoniales y de negocios con familias de poder económico heredado de sus antepasados y familias con trayectoria política adquirida en el transcurso de los diferentes procesos políticos de nuestra historia (Amaya, J., 1997 y 2012).

En Guatemala, estos cambios o metamorfosis, de las familias facilitaron la continuidad de las familias en el poder, Casaus (1993: 305) por ejemplo, nos habla de una *transición política donde la oligarquía elabora un nuevo discurso ideológico neoliberal para retomar el poder político*... en el caso de varias familias centroamericanas de procedencia colonial. En cambio, Darío A. Euraque (1996) cuestiona esta hipótesis para el caso de Honduras. Según el doctor Euraque, la mayoría de las familias hondureñas de mediados del siglo XX carecían de esa trayectoria colonial y republicana especialmente en el caso Soto Martínez, Carías Andino, Callejas Romero, Flores Facussé o Maduro Joest. Sus antepasados surgieron entre finales del siglo XIX e inicios del XX al fusionar sus capitales e influencia política mediante lazos matrimoniales.

Durante la primera mitad del siglo XIX varios miembros de las familias prominentes destacadas por Balmori, Voss y Wortman desempeñaron funciones políticas, militares y legislativas. También formaron partidos políticos y determinaron las posiciones ideológicas dentro del grupo familiar asegurándose siempre que el resultado quedara dentro de su mismo ámbito. La Honduras de mediados del siglo XIX continuaba debatiéndose entre las ideas liberales y conservadoras. En este espacio político actuaron varios de los miembros pertenecientes a las familias de alcurnia de este estudio, quienes con el fin de alcanzar el poder utilizaron diversos métodos para conseguirlo. Fueron tres vías claramente identificadas las utilizadas para lograrlo: a) las manifestaciones a favor o en contra, b) los enfrentamientos armados y c) a través de los votos en elecciones rara vez transparentes. O era el Congreso, cuyos miembros formaban parte de la parentela, quienes maquinaban para designar al presidente o jefe de gobierno en caso de no haber mayoría de votos (García B., 2008). En este ambiente de relaciones políticas las familias influyentes obtuvieron, consolidaron y extendieron su autoridad mediante alianzas matrimoniales y de negocios.

Para desarrollar el presente estudio histórico-genealógico se consideraron aspectos tales como el grado de parentesco, nombre completo de personas, lugares y fechas de nacimiento, matrimonio y muerte, entre otras, cuando fue posible ubicarlas. Así se estableció una línea generacional luego de revisar documentos relacionados, compararlos y determinar las relaciones generadas en cada momento, por ejemplo, de padre a hijo, fuera o no reconocido legalmente. En el caso particular de las cinco familias de alcurnia estudiadas se recopiló la mayor cantidad de información bibliográfica, biográfica, hemerográfica y de otras fuentes documentales. Ello resultó un tanto complicado ya que los nombres de estas personas en diferentes trabajos consultados solo se tomaron en cuenta uno de sus patronímicos, aunque tuvieran dos o más, y en el caso de los apellidos utilizaron ya sea el del padre o el de la madre (a veces ninguno de ellos). Para lograr una mejor comprensión de estas relaciones, en este estudio se designó a cada hijo e hija el apellido de ambos padres.

I.   Dónde y por qué surgieron estas importantes familias

A mediados del siglo XVI en Honduras se tuvo noticia de ricos yacimientos mineros en zonas aún no sometidas por los conquistadores españoles de la provincia hondureña y en el cerro de Choluteca, jurisdicción entonces de Guatemala, motivo por el cual se realizaron varias expediciones y la consecuente formación de poblados. Algunas de las primeras minas trabajadas que se tiene conocimiento estaban ubicadas en la región de Trujillo, como las minas de *Guarapa* y *Tayaco* (1529) y las del *valle de Yara* (1533), las de *Quimistán y Sula* y en la villa de la *Buena Esperanza* en el departamento de Santa Bárbara. También la mina de *Chapaha* en la vertiente del río Ulúa. Otras minas importantes fueron las del río *Guayape* en la villa de *San Jorge de Olancho* (1541 fecha en que se fundó el poblado) y varios depósitos al sur del país en el cerro *San Juan* y *Corpus Christi* (Gómez Z., 2012: 41).

Durante los primeros años la producción minera de Honduras apenas *alcanzó el 5% de lo producido en toda la América española*, pero fue de gran importancia para la economía local. Sin embargo, la *constante inestabilidad política impidió que esta industria se explotara regularmente*. Aun así, las minas de Tegucigalpa dominaron la producción durante el período colonial (Newson, 1998: 219).

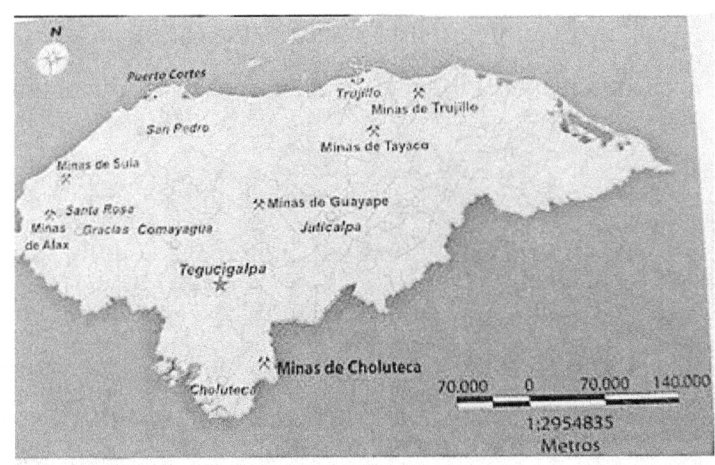

Figura No. 1:
Ubicación de las principales minas de oro explotadas en Honduras en el siglo XVI.
Gómez, 2012: 57

Entre finales del siglo XVII y durante el XVIII se denunciaron yacimientos en Opoteca (Comayagua, 1725). En la montaña Quemazones existieron unas 11 minas y en el área de *San José de Yuscarán* había al menos *35 vetas y 17 ingenios para moler* (Taracena, 1998: 98-99). De esta actividad minera derivaron otras con el fin de suplir las necesidades de los habitantes de la región, generación y desarrollo de oficios entre la población compuesta por españoles/criollos, mulatos, negros y mestizos.

Por ello los reformistas de la Honduras del siglo XIX pensaron que la minería desempeñaría un papel importante no solo como fuente generadora de empleo sino como difusora de varias actividades y que las inversiones del capital extranjero reportarían ingresos al fisco. Fueron onerosas las concesiones otorgadas por distintos gobiernos a dichas compañías, especial-mente a la *New York and Honduras Rosario Mining Cº*., para explotar las minas ubicadas en el poblado de San Juancito, allí el presidente Marco Aurelio Soto Martínez y algunos fami-liares eran propietarios de varias minas, entre ellas la mina El Rosario. Soto impulsó la for-mación de la compañía y fue uno de sus principales accionistas (Murga F.: 1978 / Guevara E. 2007).

La compañía fue fundada e inscrita bajo las leyes de Nueva York en 1880 por Julius J. Va-lentine y sus hijos: Washington S., el médico Ferdinand C. (miembro de la Academia de Medicina de Nueva York, 1896), Louis F. (agente consular entre 1910 y 1911) y Lincoln Valentine[5]. Fue Washington S. quien se hizo cargo de la compañía y durante los años de funcionamiento tuvo que superar varios obstáculos y conflictos con los residentes de la loca-lidad, especialmente relacionados al aprovechamiento de los recursos naturales de la región.

En una ocasión, su hermano Louis se dirigió al presidente Luís Bográn Barahona[6] (Santa Bárbara, 3 de julio 1849-Guatemala, 9 julio 1895) solicitando su intervención en un asunto relacionado en estos términos *ya que siempre nos ha tratado de manera justa y se ha mos-trado listo para proteger esta empresa, por favor díganos qué debemos hacer... Si accede-mos a las demandas de los ciudadanos locales, sufriremos grandes daños…* Bográn inter-vino a su favor tal y como se esperaba (Finney, 1979: 93). Eso y otros favores permitieron su reelección para un segundo período presidencial (1883-1887 / 1887-1891). Washington S. Valentine (1860-1920) al igual que otros propietarios y representantes de compañías mineras,

---

[5] Propietario de la *Valentine Brothers Produce Exchange,* fundó en junio de 1892 el periódico *El Americano* que circulo por Estados Unidos. Orientado a la integración del hemisferio a través de la cultura e identidad americanas, por lo que su lema era *todos somos americanos.* Era editor del periódico el poeta cubano Enrique Nattes (Kanellos y Martell, 2000:66).

[6] Abogado, minero, militar, político y presidente constitucional entre 1883 y 1891. Casado el 3 de junio de 1879 con Teresa Morejón Ferrera (20 octubre 1860-4 febrero 1929) hija de una de *las mejores familias de la colonia, radicados en Comayagua* (Antúnez, 1967: 3). Luís era hijo de Saturnino Bográn Bonilla y Gertrudis Barahona Leiva. Su hermano Francisco también fue presidente de Honduras entre 1919 y 1920. Y fueron primos hermanos del igualmente presidente de Honduras Miguel Paz Baraona entre 1925 y 1929.

intervinieron en la política hondureña mediante sobornos a altos miembros del gobierno, a cambio permitieron que se produjera un leve desarrollo en el país.

El mapa que se muestra a continuación indica los actuales departamentos en la zona central de Honduras donde se registró la mayor actividad minera. Seguidamente y con mayor detalle presentamos la ubicación de los principales yacimientos mineros entre los siglos XVII y XIX.

Mapa de Honduras, Centro América
Zona central de los actuales departamentos donde se registró la mayor actividad minera entre los siglos XVII y XIX :

Figura No. 2:

d-mapas.com obtenido en diciembre de 2019

Zona central minera en Honduras entre los siglos XVII y XIX

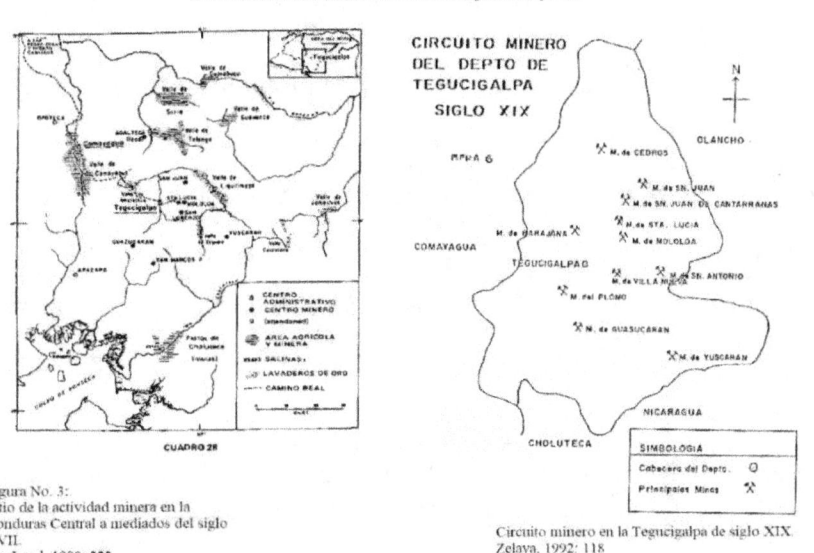

Figura No. 3:
Sitio de la actividad minera en la
Honduras Central a mediados del siglo
XVII.
MacLeod. 1980: 222

Circuito minero en la Tegucigalpa de siglo XIX.
Zelaya. 1992: 118

Adaptación propia

13

Fue en dichos centros donde se estableció el poder real para controlar el oro y la plata; fue allí donde los grupos mineros-comerciales se radicaron para beneficiarse de los recursos; y fue allí donde surgieron las redes familiares más importantes de la época y donde se originaron los más fuertes vínculos comerciales, políticos y sociales con sus legados poscoloniales.

a) **Tegucigalpa:** Real de Minas 1578, Alcaldía Mayor 1579, Real Villa 1762[7], Ciudad 1821 y capital de la República 1880:

La Alcaldía Mayor de Tegucigalpa se estableció sobre una extensión de 21,711 Km^2, por mandato del presidente de la Audiencia de Guatemala, Diego García de Valverde (1515-1589) el 22 de junio de 1579, confirmada por Felipe II en 1608 lo que actualmente corresponde a la región centro sur de Honduras (Taracena, ob. cit.).

El poblado comprendía una serie de villas, pueblos de indios, valles y minerales ocupados por españoles-criollos, indios, mestizos y negros. William Wells, luego de pasar por el puente de piedra de diez arcos (construido durante la administración municipal del abogado Narciso Mallol entre 1816 y 1821), describió la entrada a Tegucigalpa con *calles pavimentadas, casas de gruesas paredes de adobe, techos de teja y amplias ventanas con balcones enrejados* (1857: 153). Eran las edificaciones más importantes del momento los conventos La Merced y San Francisco o San Diego de Alcalá, la parroquia de San Miguel, Los Dolores y la Real Casa de Rescates (Ferrari G., 1953).

Entonces, esta región estaba habitada por familias dedicadas a actividades comerciales poseedoras de hatos ganaderos, plantaciones agrícolas y explotación minera en las zonas de Santa Lucía, San Antonio, Villa Nueva, Yuscarán, Cedros, El Plomo, el Corpus. Estos *empresarios* mineros locales mantuvieron control del sector hasta la implantación de la Reforma Liberal en 1876, pero carentes de capital, experiencia y contactos en el exterior para negociar el metal, para fines de 1880 *habían vendido sus concesiones a las compañías norteamericanas* (Guevara E. ob. cit.: 237). Sin embargo, a pesar de los múltiples problemas generados en la

---

[7] El 18 de junio de 1762 recibió el título de Real Villa de Tegucigalpa de Heredia, confirmado mediante Real Cedula el 17 de julio de 1768. El título de alcaldía mayor lo recibió precisamente por la *riqueza mineral encontrada en su territorio*, convirtiéndose en el centro minero más importante de la Capitanía General de Guatemala (Boletín del Distrito Central, ene 1939, #3-10: 5-7).

industria minera de plata, entre 1885 y 1900 esta floreció debido a los altos precios del mineral en el mercado internacional. Nuevo capital extranjero llegó al país acompañado de moderna tecnología para la explotación minera, pero la riqueza generada quedo en manos de los inversionistas norteamericanos que controlaron al gobierno.

Algunas de las familias criollas que formaban parte de la elite comercial y del gobierno casaron a sus hijos e hijas con los extranjeros y de esa forma incrementaron sus recursos, influencia y relaciones.

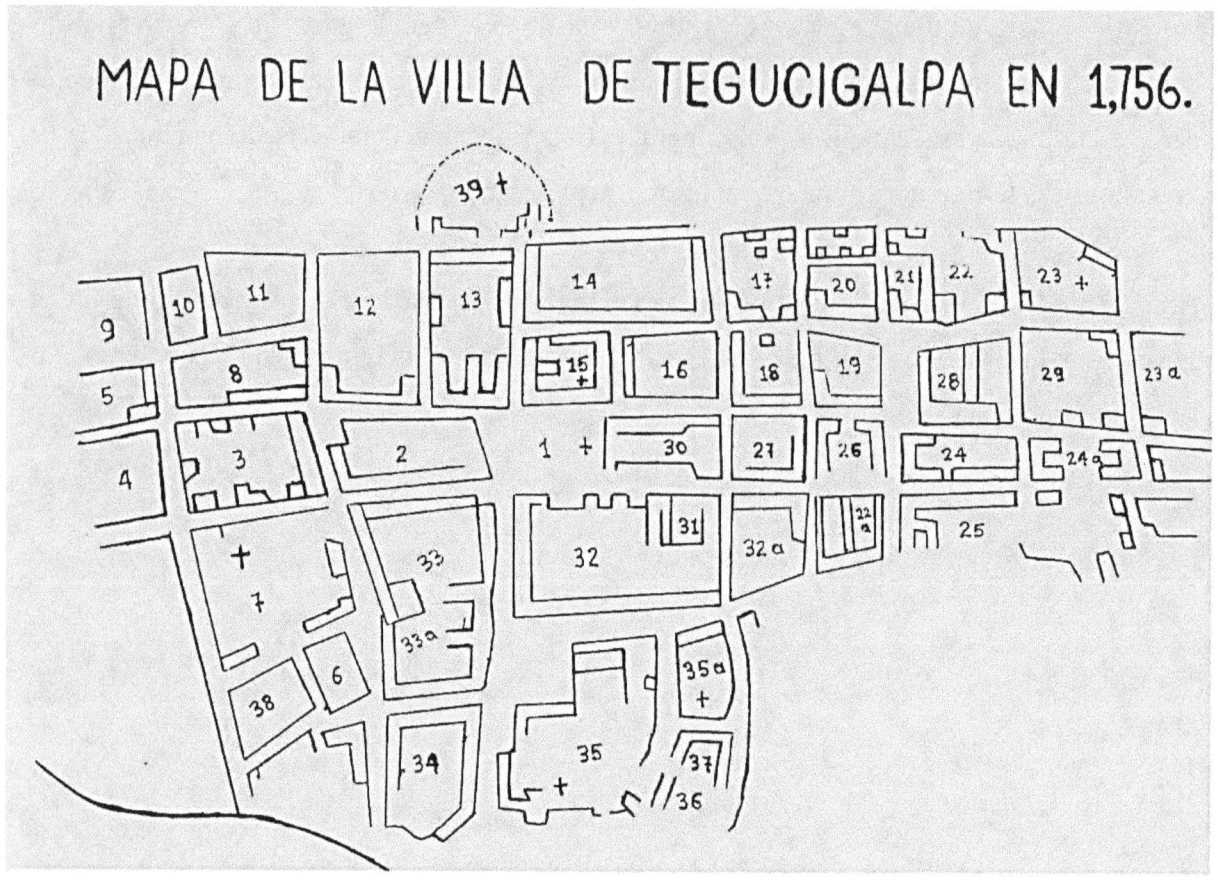

MAPA DE LA VILLA DE TEGUCIGALPA EN 1,756.

1.- Plaza mayor
2.- Casa de don Juan Judas Salavarría y doña Juana Antonia Castejón
3.- Casa de doña Juana María Bonilla y de Juan de Maradiaga (sobre la cll. del Triunfo "la casa del santero Santos Vicente de Gálvez")
4.- Casa de doña Juana María Rivera
5.- Casa de don Miguel de Bárcenas
6.- Casa de Tiburcio Fiallos
7.- Iglesia de Concepción de los indios
8.- Casa de don Francisco de San Martín, familia Azmequita y don Francisco de Urmeneta
9.- Don Antonio de Isasi
10.- Don Pedro Mártir de Zelaya
11.- Doña Brígida de Ribera
12.- Don Miguel Sarvillón de Santa Cruz
13.- Antonio de Castro Verde, don Lucas Romero y don Vicente Vivero Toledo
14.- Miguel de Lardizábal
15.- Antonio Tranquilino de la Rosa
16.- Iglesia de la Limpia Concepción
17.- Andrés de Zepeda
18.- Antonio Bragas de Vetancur (hijo)
19.- Miguel Midence y hermanos Gómez
20.- Don José Luís de la Paz

21.- Doña Juana María Fiallos
22.- Don Juan José Lozano
22 a.-Don Carlos Selva y familia Márquez
23- Antonio Galindo
23 a.-Convento de San Diego (San Francisco)
24.- Miguel González Reyes
24 a.-Francisco de Oxmenete
25.- Carlos Zúniga (y los Irías)
26.- José de Zelaya
27.- José de Agüero
28.- Martín de Zelaya
29.- Antonio Vetancur Ibraga (padre)
30.- Parroquia de San Miguel
31.- Casa previtero José Simión de Zelaya
32.- Cabildo y cárcel
32 a.-Baltazar Matías de Escoto
33.- Antonio de Villafranca
33 a.-Miguel de Artica y Santiago Cárdenas
34.- José María de Quezada
35.- Convento e iglesia de la Merced
35 a.-Bernabé Villafranca
36.- Juan Franco
37.- Francisco Nieto de Figueroa
38.- Luisa de Zelaya
39.- Hermita de Nuestra Señora de los Dolores

Datos del informe del señor cura Zelaya al Ilmo. obispo Rivas de Velasco, A.C.C. (levantamiento Yonix Alexi Rodríguez

Figura No. 4:
Mapa de la Villa de Tegugicalpa en 1756.
Oyuela, L.d. 1992: 20. Adaptación propia.

b) San Antonio de Oriente:

San Antonio de Oriente está ubicado en el valle de El Zamorano a 28 km al sureste de Tegu-

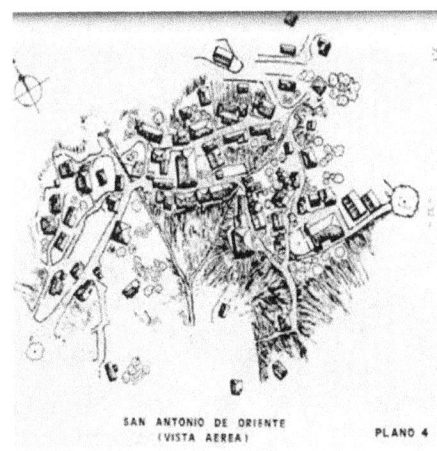

Figura No. 5:
Vista panorámica de San Antonio de Oriente.
Aguilar, 1987.

cigalpa. El municipio forma parte del departamento de Francisco Morazán y colinda con los municipios de Valle de Ángeles (Norte), Maraita y Güinope (Sur), Morocelí y Yuscarán (Este) y al Oeste con el Distrito Central y Tatumbla. Fue proclamado Monumento Histórico Nacional mediante acuerdo ejecutivo el 25 de julio de 1991.

En esta zona de características mineras radicaron varios comerciantes extranjeros quienes establecieron lazos matrimoniales con las hijas de terratenientes mineros y ganaderos de la región. Allí surgió la red familiar de los Guardiola, los Xatruch, los Morazán… y fue la residencia de algunos de sus descendientes (Guardiola, 1930).

c) San José de Yuscarán:

Fue un importante centro minero ubicado en las faldas del cerro Montserrat en el departamento de El Paraíso, a 68 kilómetros de Tegucigalpa. Entre las minas más importantes de la región se encuentran Quemazones, descubierta en 1859 por Hilario Rivera y Darío Fortín (Cortés, 2013). La mina Guayabillas fue descubierta en 1771 por Juan Calvo, pero en 1838 paso a manos del comerciante inglés Marshall (Marcial) Bennett. Bennett era socio de José Francisco Morazán Quezada y en 1830 ambos participaron en la explotación de varias minas en Honduras y El Salvador. También firmaron contrato con el gobierno para el establecimiento de una casa de moneda en Tegucigalpa y concedieron varios préstamos al gobierno (García B., ob. Cit.).

Figura No. 6:
Instalación maquinaria en la mina
Guayabillas. Yuscarán.
Lombard, 1887: 88

La zona fue considerada como el centro minero[8] más importante de la Alcaldía Mayor de Tegucigalpa, del cual se extrajo oro, plata y hierro. En 1979 la Junta Militar de Gobierno presidida por el General de Brigada Policarpo Paz García (1932-2000), mediante acuerdo No. 156, lo decreto Monumento Nacional.

d) Real Villa de Jerez de la Frontera de Choluteca

La Real Villa de Jerez de la Frontera de Choluteca fue fundada en 1530 por orden de Pedro de Alvarado al Capitán Cristóbal de la Cueva, originario de Xeréz de la Frontera. Gómez y Pasinski (2004) expusieron que la zona fue fundada y repoblada en 1534 por el mismo Cristóbal de la Cueva. Fue incorporada en 1540 a la gobernación y obispado de Guatemala, mediante real cédula el 31 de octubre de 1580 se incorporó a la Alcaldía Mayor de Tegucigalpa quedando adscrita a ella política, administrativa y económicamente a partir de 1602 (Durón, 1982). Después de la Independencia, el título de ciudad le fue conferido mediante decreto del 1 de octubre de1845. Algunas de las minas de la zona son: El Socorro, Santo Domingo, 12 Santo Domingo, El Guayrumo, la veta de San Isidro, San Martín, Potosí, Camamuya… (SGHH, 1933).

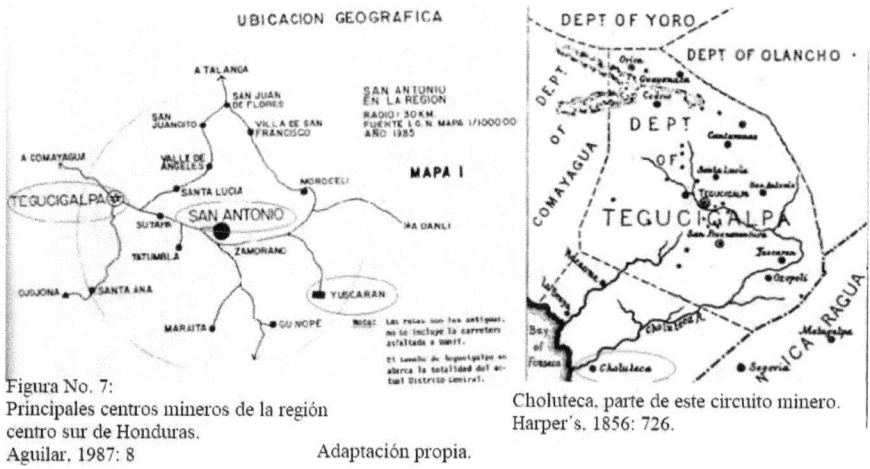

Figura No. 7:
Principales centros mineros de la región centro sur de Honduras.
Aguilar, 1987: 8

Adaptación propia.

Choluteca, parte de este circuito minero.
Harper's, 1856: 726.

---

[8] Cuando se formó el departamento de El Paraíso en 1869, Yuscarán fue elevada a la categoría de cabecera departamental, según decreto del 28 de mayo de 1869 (Vall, 1943).

Fue en estos centros mineros donde se desarrollaron importantes actividades mercantiles, donde comenzó a entretejerse las relaciones familiares de algunas de las cinco familias de alcurnia objeto de este estudio y el lugar de residencia de varios de sus descendientes luego de la Independencia en 1821. Cada una de estas familias sobrevivió logrando mantener su poder económico y social. Algunas adquirieron poder político en el transcurso del siglo XIX. El medio más utilizado por estas familias para lograrlo fue el matrimonio entre los miembros de su familia con otras de igual o mejor posición. El poder obtenido y el nombre de sus familias les permitió continuar ese recorrido; lograron acceder al poder político e incrementar su patrimonio. Estas familias formaron parte de extensas redes familiares tal como se expone en el desarrollo de las siguientes secciones de este estudio histórico-genealógico.

II. Las Familias:

A. Los Díaz del Valle

En esta familia encontramos a dos personajes claves dentro de la historia de Honduras: uno de ellos fue el filósofo, político, abogado, escritor y periodista, José Cecilio del Valle (Choluteca 22 de noviembre de 1777- Guatemala 1834). Fue el sabio Valle un hombre de ideas modernas, defensor de la libertad y promotor de cambios sociales y políticos en beneficio del pueblo (Baumgartner, 1997). Miembro de la Junta Provisional Consultiva que declaró la separación de la corona española, redactor y firmante del Acta de Independencia de las provincias de Centroamérica suscrita en Guatemala el 15 de septiembre de 1821. El otro personaje al que nos referimos es su primo hermano, José Dionisio de la Trinidad Herrera Díaz (1781-1850), abogado y político de ideas progresistas, secretario del ayuntamiento de Tegucigalpa al momento de llegar los pliegos de Independencia el 28 de septiembre de 1821, primer Jefe Supremo de Honduras (1824-1827). Durante su mandato se emitió la primera Constitución de corte liberal en 1825.

Ambos notables tienen un origen común, pues su bisabuelo fue el español José Díaz del Valle, escribano público del Cabildo de Mérida y Notario de las Indias en 1694[9]. A inicio del siglo XVIII, Leiva Vivas (1980) lo ubica en la provincia de Honduras como Maestro de Campo, Alférez Mayor y Regidor Perpetuo de su Majestad en el Cabildo de la Villa de Jerez de la Choluteca, natural de los reinos de España. Fue propietario de las haciendas San Antonio, Pavana, Santa Bárbara de la Ola, El Coyolar y Tapatoca, así como hatos ganaderos. José Díaz del Valle contrajo matrimonio en tres ocasiones; de su unión con Luisa Herrera nació Juan José Díaz Herrera; al enviudar contrajo matrimonio con Manuela Izaguirre procreando a Petrona Díaz Izaguirre.

Nuevamente viudo se casó con María Josefa Romero, la viuda de José Benito Midence (-1728) originario de Madrid, nombrado Tesorero y Administrador de la Real Casa de Rescates de Tegucigalpa en 1667. Joseph (José) era propietario de varios negocios comerciales, casas de habitación y minas (Zepeda, ob. cit.). De este matrimonio nacieron en Choluteca: Mariana y

---

[9] Según confirmación de oficio firmada, sellada y despachada por él. AGI, México 200 #20 en pares.mcu.es

GRAFICO No. 1

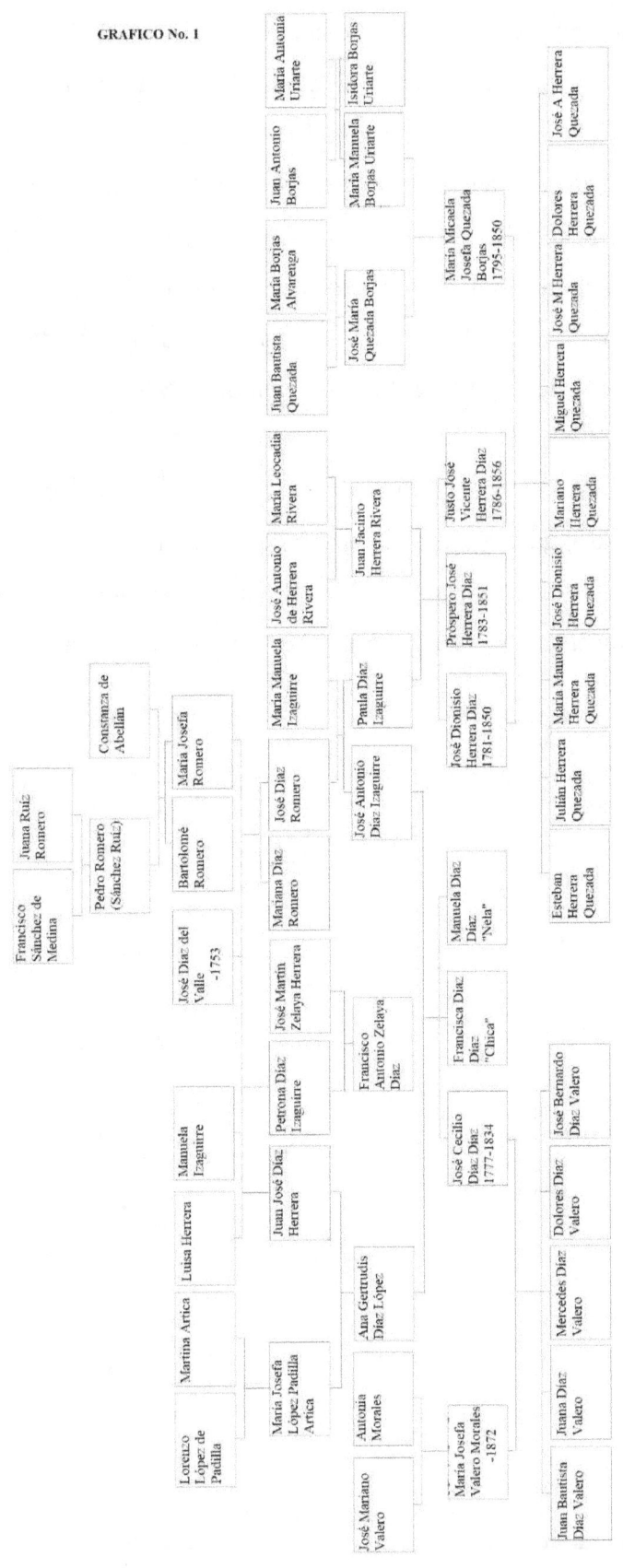

José Díaz Romero; este último se casó con María Manuela Izaguirre, procreando a Paula y José Antonio Díaz Izaguirre.

Juan José Díaz Herrera y María Josefa López de Padilla Artica fueron los padres de Ana Gertrudis Díaz López. José Antonio y Ana Gertrudis eran primos hermanos, por lo que, debido al grado de parentesco obtuvieron la dispensa para casarse *en atención a la escasez de familias de igual calidad a la suya en la villa de Jerez de Choluteca* (RABN, 1972: 67). De su unión nació en la villa de Jerez de Choluteca José Cecilio Díaz Díaz (más conocido como José Cecilio del Valle o el sabio Valle). José Cecilio contaba con 32 años cuando se casó en 1812 en Guatemala con María Josefa Valero Morales (-3 febrero 1872) hija de Antonia Morales y José Mariano Valero: Asesor de Intendencias de Chiapas y Honduras, Oidor de la Real Audiencia de Cuba (al momento de su muerte ejercía este cargo). El sabio José Cecilio murió en 1834 a los 57 años en el tránsito de su hacienda *La Concepción a la capital guatemalteca, camino de la hacienda Corral de Piedra* (García G., ob. cit.: 41-81).

El bachiller en Filosofía (1794) y Abogado de la Audiencia de Guatemala (1803) José Cecilio, fue Diputado Interino de la Comisión Gubernativa de Consolidación (1805); Defensor de Obras Pías y Censor de la Gaceta de Guatemala; Asesor del Consulado de Guatemala (1806); Fiscal del Juzgado de los Reales Cuerpos de Artillería e Ingeniería del Reino; Diputado de la Junta Central de Provincia (1809); Auditor de Guerra y Asesor Titular del gobierno de Gabino Gainza (1815), cargos que desempeñaba al momento de redactar el Acta de Independencia. Posteriormente a la Independencia de 1821 fue Secretario de Estado del Despacho de Relaciones Exteriores (1823) y Diputado al Congreso Federal por Guatemala (1826).

Su hijo José Bernardo Díaz Valero se casó con Rebeca Ugarte Laínez, la hija de María Francisca Laínez y del maestro de coro Dámaso Ugarte (padres también de Manuel[10] y Felipe "Felipillo" Ugarte Laínez (16 septiembre 1829-12 septiembre 1912). Su nieto José Bernardo Díaz Ugarte emparentó vía matrimonio con una importante familia guatemalteca-alemana, los Samayoa Klee.

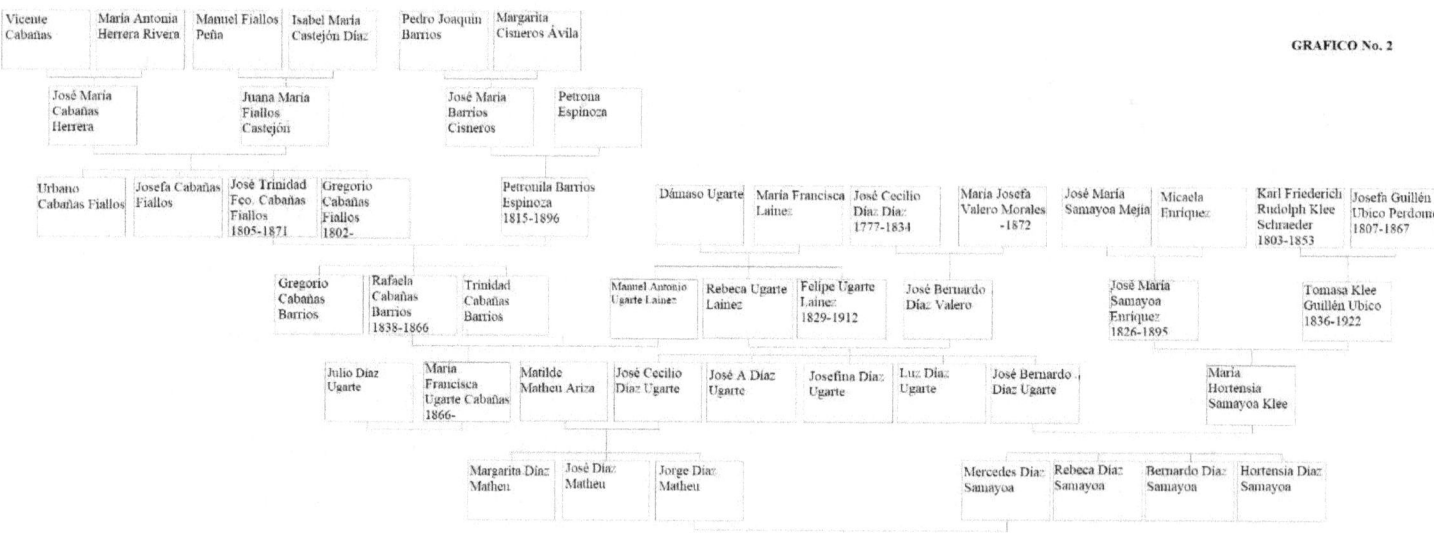

GRAFICO No. 2

---

[10] Casado con Rafaela Cabañas Barrios hija del presidente de Honduras José Trinidad Francisco Cabañas Fiallos (1852-1855) y Petronila Barrios Espinoza, hermana de José Gerardo Barrios Espinoza (2 de septiembre de 1813-29 agosto de 1865), presidente de El Salvador del 12 de marzo de 1859 al 16 de diciembre de 1860 y del 7 de febrero de 1861 al 26 de octubre de 1863.

GRAFICO No. 3

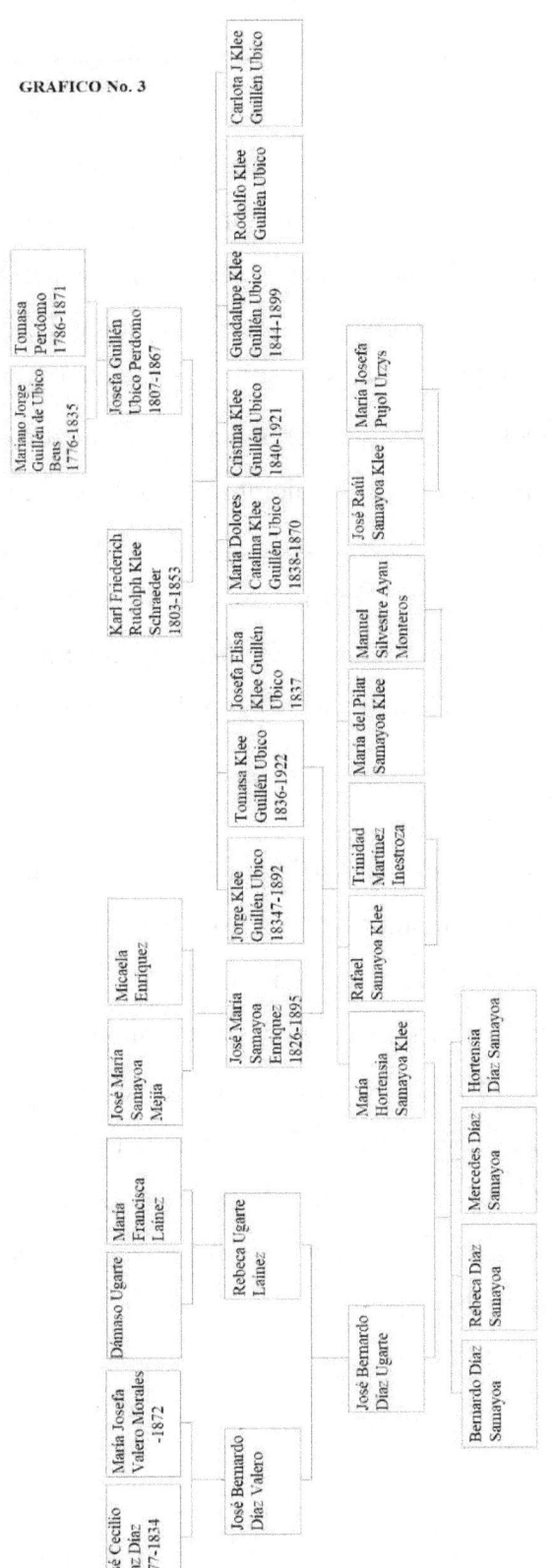

Karl Friedrich Rudolph von der Klee Schraeder (Hanover 1803-Guatemala 1853) contaba con 25 años cuando llegó a Guatemala en 1828 con el inglés George Ure Skinner y fundaron la casa comercial *Klee-Skinner Cº*. En1847 firmaron con el gobierno guatemalteco un tratado de amistad, comercio y navegación desde y hacia las ciudades portuarias de Alemania: Bremen, Hamburgo, Lübeck y Guatemala. Karl fue nombrado por el Senado alemán, Cónsul de Hamburgo para Centroamérica el 20 de octubre de 1841; para 1845 era el Cónsul prusiano y en 1847 ascendió a Cónsul General con autoridad para nombrar, previa aceptación del Senado, vicecónsules en Centroamérica. Su misión era *estrechar lazos comerciales entre Alemania y Centroamérica para el establecimiento de colonias alemanas* (Wagner, R. 1987: 90).

Otros hijos del matrimonio Samayoa Klee fueron: Rafael, casado en 1895 con Trinidad Martínez Inestroza; María del Pilar se casó con Manuel Silvestre Ayau Monteros; José Raúl se casó con María Josefa Pujol Urzys y María Hortensia se casó en 1902 con José Bernardo (García G. ob. cit.: 46).

B. Los Herrera Díaz

Del matrimonio celebrado entre el comerciante y terrateniente José Antonio de Herrera con María Leocadia Rivera resultó el nacimiento de cinco vástagos, siendo uno de ellos Juan Jacinto de Herrera y Rivera. Juan Jacinto fue Teniente de Milicias, Alcalde Provincial de la villa de Choluteca desde 1793 y posteriormente residente en la villa de San Miguel de Tegucigalpa. También fue ganadero propietario de la hacienda San Francisco de Yeguare y parte de la hacienda La Pavana. Al casarse con la tía de José Cecilio Díaz del Valle, Paula Díaz Izaguirre, tuvieron tres hijos: José Dionisio de la Trinidad (Choluteca 9 de octubre de 1781- San Salvador 1850), bautizado el 25 del mismo mes y año en que nació en la iglesia parroquial de la Villa de Choluteca por fray José Ginés de Mayorga. Fue miembro de la Sacra Real y Militar orden de Nuestra Señora de la Merced. Próspero José Herrera Díaz (1783-1851) se desempeñó como alcalde de Choluteca, Diputado y ministro en Europa. Y Justo José Vicente que nació el 19 de julio de 1786 y fue bautizado por Juan Francisco Márquez el 23 de julio de ese año en la iglesia parroquial de la villa. Fue jefe de Estado entre 1836 y 1837, murió en 1856 a los 60 años (Valladares, 1950).

En 1734 Juan de Maradiaga teniente de Alcalde Mayor contrajo matrimonio con Juana María Bonilla, hija del Maestre de Campo Jacinto Bonilla y hermana del Maestre de Escuela Diego Bonilla y del presbítero Francisco Bonilla. Fueron sus hijos: el cura José Gabriel, Baltazar y María Manuela Maradiaga Bonilla, casada con Bernardo Fernández Reconco que una vez viudo de María Manuela contrajo matrimonio con Gertrudis Ramírez. Baltazar se casó con María Mercedes de Herrera Rivera, hija de María Leocadia Rivera y José Antonio de Herrera y Rivera (Barrios de M., 1992; 131 / Oyuela, 1989:33). Estas familias emparentaron por la vía del matrimonio con otras familias influyentes consideradas como *españoles de primera distinción, limpios de toda mala raza, de mulato, zambo, indio y hereje[11]*, según sus propias declaraciones, y que *ningún miembro de esas familias había sido castigado por el Santo Oficio* (Durón, 1950: 13-17).

---

[11] Términos utilizados en el proceso de limpieza de sangre que hacía referencia al honor, la pureza del linaje y raza, así como la calidad que se les otorgaba a las personas como valores sociales (Hering, 2011: 32-55. En http://www.redalyc.org/articulo.oa?id=81122477003). La limpieza de sangre se utilizó en la Europa medieval y el concepto se trasladó a las colonias españolas en América como mecanismo de exclusión del grupo de blancos (españoles y criollos) a aquellas personas pertenecientes a otras etnias.

Darío A. Euraque (2003) explica que los términos utilizados en los procesos de limpieza de sangre tienen un significado histórico determinado por el momento y las circunstancias en que se aplican. Son términos y expresiones cambiantes. Oficialmente en Honduras la categorización étnico-racial utilizados en los censos hondureños por él estudiados, especialmente en el periodo entre 1790 y 1860, nominan las siguientes categorías: indios, indígenas conquistados y selváticos, ladinos, mulatos, sambos, mosquitos, negros, además de los españoles e ingleses. Esta variedad de categorías fue utilizada durante la colonia española hasta el siglo XIX. La mezcla de los diferentes grupos de indígenas, negros y blancos generó otras categorías que representaban la mayoría poblacional frente a un reducido número de españoles criollos, por lo que estos para mantener su "pureza de sangre", se unían en matrimonio entre los miembros de sus mismas familias, sobre todo las familias con alcurnia o con pretensiones de alcurnia.

Los hijos varones del matrimonio Díaz Díaz (del Valle) y Herrera Díaz tuvieron la oportunidad y la fortuna de estudiar en la Universidad San Carlos en Guatemala, donde obtuvieron el título de Abogado. Al regresar a Honduras se establecieron en la Villa de San Miguel de Tegucigalpa administrada en ese momento por el abogado Narciso Mallol y Ritas (Valencia, España 1779-Tegucigalpa 6 de marzo de 1821). Hijo de Narciso Mallol y Antonia Ritas, casado con María Vicenta Gómez (1785-). Alcalde Mayor de Tegucigalpa entre 1816 y 1821 (Belaubre, 2016). Una vez establecido, José Dionisio y sus hermanos se desenvolvieron en el ambiente colonial de la villa. A los 39 años José Dionisio decide contraer matrimonio con María Micaela Josefa Quezada Borjas el 9 de abril de 1820. María Micaela Josefa contaba con 25 años; José Dionisio era 14 años mayor. Como la costumbre lo requería, antes de contraer matrimonio era necesario presentar una serie de documentos y declaratorias. Así lo hizo José Dionisio ante el cura de la parroquia de San Miguel de Tegucigalpa.

Declaró que *tuvo que ver con Martina Ramírez, prima hermana de doña Micaela Quezada* y más adelante también declaró *que tuvo que ver con una tía carnal de su prometida*, por lo que pidió las dispensas necesarias por *cúpula ilícita* (Valladares, ob. cit.: 23) según los grados de afinidad correspondientes. Una vez revisados los documentos y expedidas las dispensas correspondientes, el cura Ignacio González bendijo la unión, resultando de la misma nueve hijos.

José Dionisio, el hombre público, se desempeñó como alcalde de la villa de Choluteca (1813); en la Secretaría del Ayuntamiento de Tegucigalpa (1820-1821); ocupó la Jefatura de la Provincia de Tegucigalpa (1822). Al fracasar la anexión a México, la Asamblea Nacional Constituyente lo eligió Jefe de Estado para el período del 16 de septiembre de 1824 hasta el 9 de mayo de 1827 cuando fue derrocado por el gobierno federalista. Durante su administración nombró a José Francisco Morazán Quezada (primo hermano de su esposa) como Secretario General y a José Cecilio del Valle (su primo hermano) como Consejero de Gobierno.

Luego de ser electo Diputado a la Asamblea Ordinaria (1838) y al año siguiente a la Constituyente, José Dionisio se retiró a la vida privada en 1849, a los 68 años. Estableció su familia en El Salvador. Su esposa María Micaela Josefa fue la albacea testamentaria de sus bienes. Tenía 69 años cuando murió el 13 de junio de 1850 ese mismo año; a los 55 años murió su esposa.

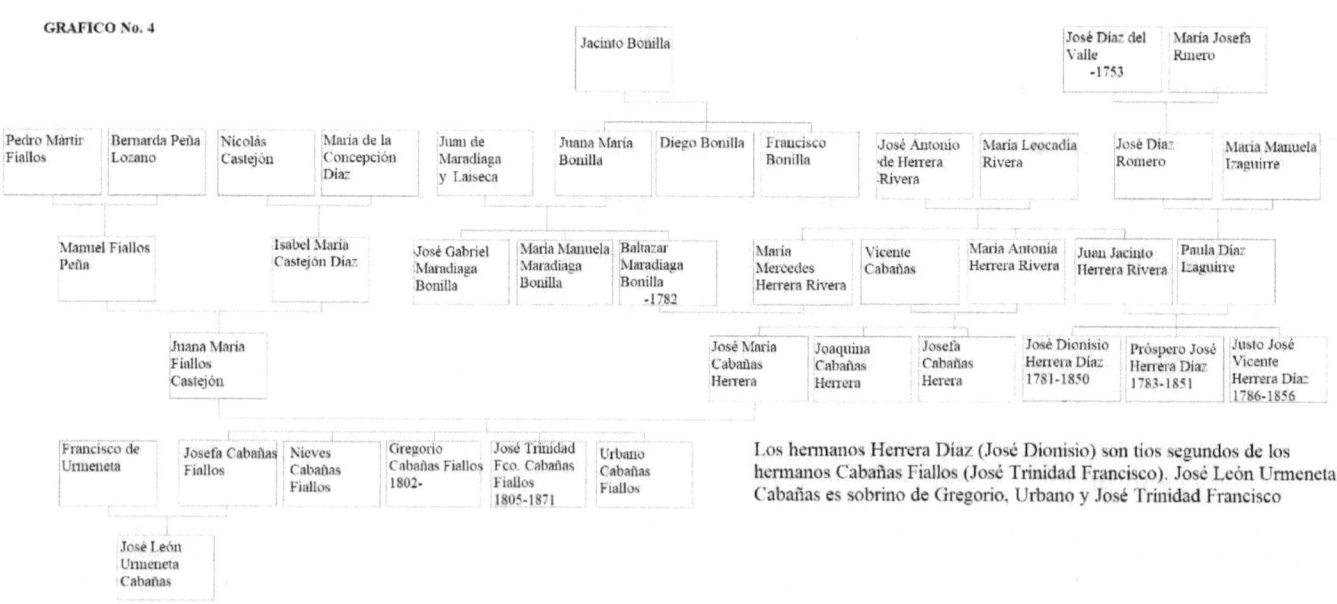

GRAFICO No. 4

Los hermanos Herrera Díaz (José Dionisio) son tíos segundos de los hermanos Cabañas Fiallos (José Trinidad Francisco). José León Urmeneta Cabañas es sobrino de Gregorio, Urbano y José Trinidad Francisco

Su hermano Justo José Vicente se ocupó también en la administración pública como Teniente de Alcalde Mayor del Partido de Jerez de la Frontera de Choluteca (1815-1821); como Alcalde de la Villa de Choluteca (1817); como Diputado por Choluteca (1820-1821); como Diputado por Choluteca en la Primera Asamblea Constituyente (1824); como Magistrado Presidente del Tribunal Supremo de Justicia (1829-1831); como Jefe Supremo del Estado de Honduras (desde el 28 de mayo de 1837 al 7 de octubre de 1838) y como Secretario de la Dieta Confederativa en San Vicente, El Salvador (1844). Fundó el Semanario Oficial de Honduras. Por su parte, Próspero José ejerció su profesión en Honduras, El Salvador y Guatemala. Fue alcalde de Choluteca (1819-1821); Diputado en 1823 y 1826; ministro plenipotenciario y enviado extraordinario de la República Federal en Londres y París en 1831 (Oliva, 1996).

Descendientes de Juan Bautista Quezada y María Borjas Alvarenga

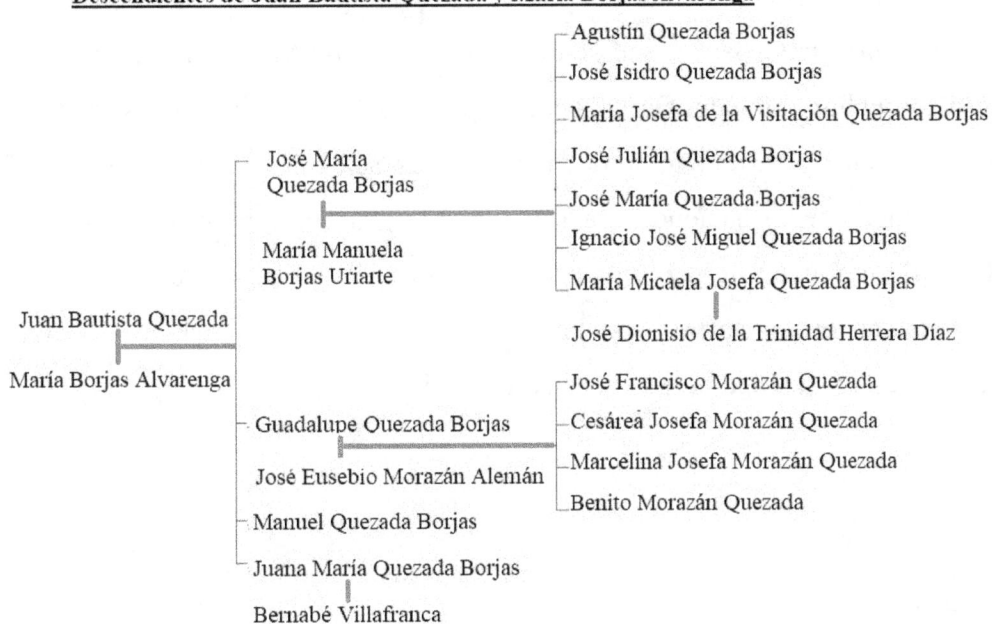

Isidora Borjas Uriarte era hermana de María Manuela Borjas Uriarte y tía de María Micaela Josefa Quezada Borjas, la esposa de José Dionisio. También era tía política de José Francisco Morazán Quezada. Isidora estuvo casada con Juan Jacinto de Herrera y Rivera; con Miguel María Guerrero y con Andrés de Cepeda y Palacios (-1773), fueron los padres de Bárbara, Teodora y Pedro Miguel Cepeda Borjas. Su hija Teodora Cepeda Borjas, viuda del abogado de la Audiencia de Guatemala, Francisco Ortiz de la Peña fueron los padres de José Francisco, José Rafael, Dolores (casada con Simeón González), María de los Ángeles y Domitila Ortiz Cepeda. En estado de viudez, Teodora volvió a casarse con un importante catalán llamado Francisco Gardela.

Como Capitán de Dragones de la Nueva Segovia, Francisco Gardela era *un rico catalán impetuoso y frenético por el poder* (Oyuela, 1997: 108 y 2000: 54). Fue también comerciante, minero, hacendado y fue nombrado Alcalde Mayor de Tegucigalpa en 1812. Fueron los padres de María Tomasa Gardela Cepeda casada con León Xerón y de María Josefa Gardela Cepeda, que se casó con Felipe Jáuregui. Gardela era propietario de varias haciendas en Yuscarán, en El Carrizal y Talanga, y arrendatario de las haciendas San Benito, La Virgen y El Rosario. También fue dueño de las haciendas La Talanga, del sitio Los Limones y copropietario con José Estrada de la mina *El Chorro* ubicada en Cedros, 1839 (Zelaya, ob. Cit.: 220). Teodora Cepeda Borjas era copropietaria con su hermano, el cura Pedro Cepeda, de la hacienda Guadalquivir ubicada en Talanga heredada de su tío en 1771.

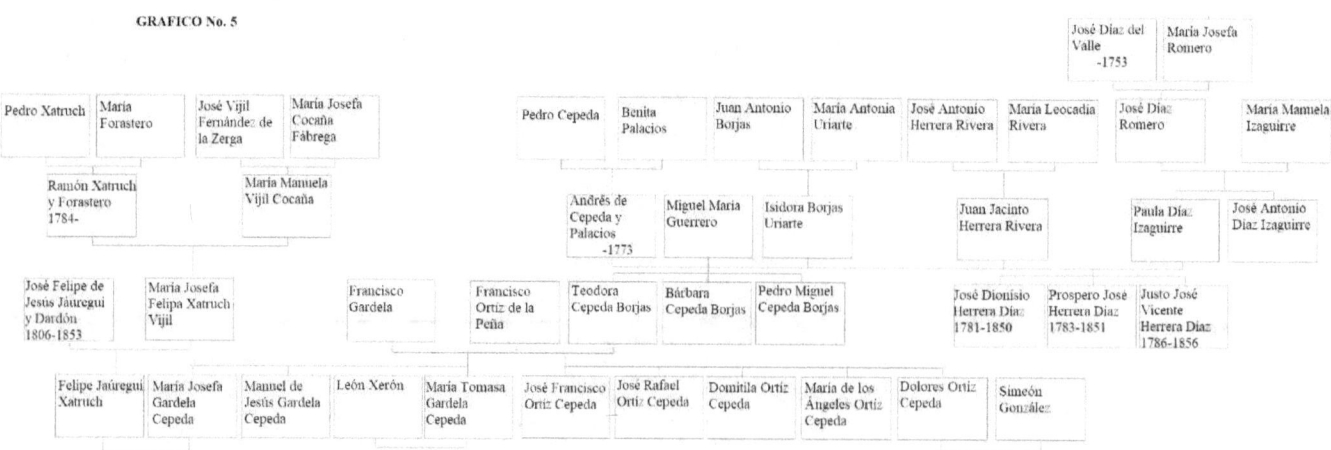

GRAFICO No. 5

JOSÉ DÍAZ del VALLE (-1753)		
Esposas		
María Josefa Romero	Manuela Izaguirre	Luisa Herrera
1ª generación: hijos		
* José Díaz Romero * Mariana Díaz Romero	* Petrona Díaz Izaguirre	* Juan José Díaz Herrera
2ª generación: nietos		
José Díaz Romero casado con María Manuela Izaguirre: * Paula Díaz Izaguirre * José Antonio Díaz Izaguirre	Petrona Díaz Izaguirre casada con José Martín de Zelaya: * Francisco Antonio Zelaya Díaz	Juan José Díaz Herrera casado con María Josefa López de Padilla Artica: * Ana Gertrudis Díaz López
3ª generación: bisnietos		
José Antonio Díaz Izaguirre casado con su prima hermana Ana Gertrudis Díaz López: * Manuela Díaz Díaz "Nela" * Francisca Díaz Díaz "Chica" * **José Cecilio Díaz Díaz** (Choluteca, 22 nov 1777-Guatemala, 2 mar 1834)	Paula Díaz Izaguirre casada con Juan Jacinto de Herrera y Rivera: * **José Dionisio de la Trinidad Herrera Díaz** (Choluteca 9 octubre 1781-El Salvador 15 junio 1850) * Próspero José Herrera Díaz (1783-1851) * Justo José Vicente (19 julio 1786-1856)	
4ª generación: tátara nietos		
José Cecilio Díaz Díaz casado en 1812 con María Josefa "Pepa" Valero Morales: * Juan Bautista Díaz Valero * Juana Díaz Valero * Mercedes Díaz Valero * Dolores Díaz Valero * José Bernardo Díaz Valero	José Dionisio de la Trinidad Herrera Díaz casado el 9 de abril de 1820 con María Micaela Josefa Quezada Borjas (1795-1850): * Julián Herrera Quezada * María Manuela Herrera Quezada * José Dionisio Herrera Quezada * Mariano Herrera Quezada * Esteban Herrera Quezada * Miguel Herrera Quezada * José María Herrera Quezada * Dolores Herrera Quezada * José Antonio Herrera Quezada * Dorotea [Herrera] Arrazola	

5ª generación: tátara-tátara nietos	
José Bernardo Díaz Valero casado con Rebeca Ugarte Laínez (hija de Dámaso Ugarte y María Francisca Laínez):	Mariano Herrera Quezada fue el padre de:
* José Bernardo Díaz Ugarte	* Arcadia "Cayita" Herrera
* José Antonio Díaz Ugarte	* Dionisio Herrera
* Josefina Díaz Ugarte	* Próspero Herrera
* Luz Díaz Ugarte	* Mercedes Herrera
* José Cecilio Díaz Ugarte	* Mariano Herrera
Dolores Herrera Quezada casada con Ezequiel Aplícano:	* Gerardo Herrera
* Manuela "Nela" Aplícano Herrera	* Juan Carlos Herrera

6ª generación: tátara-tátara-tátara nietos
José Bernardo Díaz Ugarte casado con Hortensia Samayoa Klee:
* Bernardo Díaz Samayoa (casado con Clara Pellecer Alvarado)
* Rebeca Díaz Samayoa (casada con José Zablaza Tlaoco)
* Mercedes Díaz Samayoa (casada con su primo hermano Jorge Díaz Matheu)
* Hortensia Díaz Samayoa
José Cecilio Díaz Ugarte casado con Mathilde Matheu Ariza en 1868:
* Margarita Díaz Matheu (casada con Crisóstomo Wever de Wint, 1923)
* Jorge Díaz Matheu casado con su prima hermana Mercedes Díaz Samayoa)
* José Díaz Matheu casado con Bertha Niederheitmann, 1919)
Manuela (Nela) Aplícano Herrera casada con Bernardo Sequeira:
* Francisco Sequeira Aplícano
* José Sequeira Aplícano
José Antonio Díaz Ugarte casado con Julia Ruiz Arzú

Fuente: documentos consultados, adaptación propia.

Otras familias relacionadas inician con Pedro Sánchez de Medina y Ruiz Romero, más conocido como Pedro Romero, quién aparece inscrito en el listado de pasajeros a Indias en el año 1554. Llegó a Honduras como Contador de su Majestad acompañado de su *mujer Constanza de Abellán* (Martell, ob. cit. 11). Pedro era hijo de Francisco Sánchez de Medina y Juana Ruíz Romero originarios de Lucerna, provincia de Córdoba. Luego de haberse establecido en Honduras y ejercer sus funciones oficiales se relacionaron con otras familias. Negocios e intereses personales facilitaron la formación de un extenso y abundante grupo familiar que en el transcurso de la historia influyeron en todos los ámbitos sociales: religiosos e intelectuales. Políticos: funcionarios reales, municipales, del gobierno central y diplomáticos. Económicos: mineros, comerciantes, terratenientes y ganaderos. El fenómeno se dio no sólo en Honduras sino también en la región centroamericana y más allá de esas fronteras.

Su hija María Josefa se casó con dos de los hombres más importantes de la época, como lo fueron José Díaz del Valle y José Benito Midence. Iniciando las familias Díaz Romero y Midence Romero. De la unión matrimonial de su hermano Bartolomé Romero con María Antonia de Zelaya y Escoto (hija del minero, terrateniente y funcionario real Pedro Mártir de Zelaya y Felipa Escoto que a su vez era hija de Baltasar Matías de Escoto y Francisca Flores de Vargas). Pedro Mártir, Martín y el cura José Simeón de Zelaya fueron hijos del Teniente de Gobernador y Capitán General en Olancho, posteriormente Alcalde Mayor en Tegucigalpa Joan Joseph (Juan José) de Zelaya Midence. Martín se casó con Petrona Díaz Izaguirre, tía de José Cecilio del Valle (hija de Manuela Izaguirre y José Díaz del Valle). Bartolomé y María Antonia fueron los padres de Lucas Romero Zelaya: Notario, Escribano Público y secretario del Ayuntamiento. Lucas contrajo matrimonio con María Antonia Ramírez Ordoñez, naciendo de esa unión José Antonio Romero Ramírez.

José Antonio fue el padre de Leonardo Romero, el esposo de Guadalupe Espinoza con quien procreó a Joaquín Romero Espinoza. Y este se casó con Dorotea Augusta Carolina Johanning Bertelsmann. Hija de Carlos Enrique Johanning (-1891) y Augusta Cristina Bertelsmann. Karl Johanning y otros profesionales germanos emigraron a Costa Rica e influyeron en la educación y la investigación científica (Herrera B. 1988:112). Ellos fueron los padres de Elena Augusta (1873-) y Leonardo Francisco Romero Johanning (1883-1948). Leonardo Francisco se casó con María Elisa Sevilla Gamero (1894-1963) perteneciente a los Gamero de Danlí.

Fueron sus hijas: Emma Josefina (1921-1989), Sara Etna (1922-2009) y Sonia María Romero Sevilla (1924-) (ancestors.familysearch.org). Emma Josefina se casó con Rafael Leonardo Callejas Valentine y fueron los padres de los hermanos Callejas Romero. Por lo tanto, Rafael Leonardo Callejas Romero (el expresidente de Honduras durante el período 1990-1994) pertenece a la 7ª generación de Bartolomé Romero y María Antonia de Zelaya y Escoto.

Todos los miembros varones de esta extensa parentela fueron mineros, oficiales reales y formaron parte del gobierno municipal y central

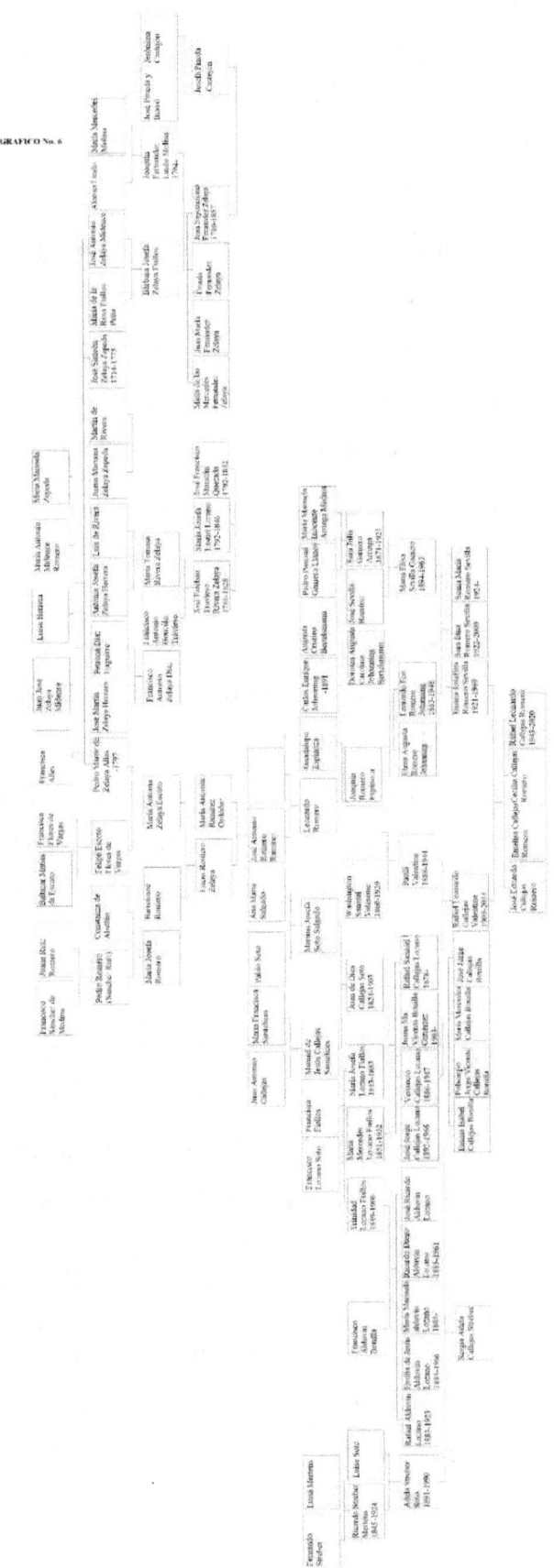

GRAFICO No. 6

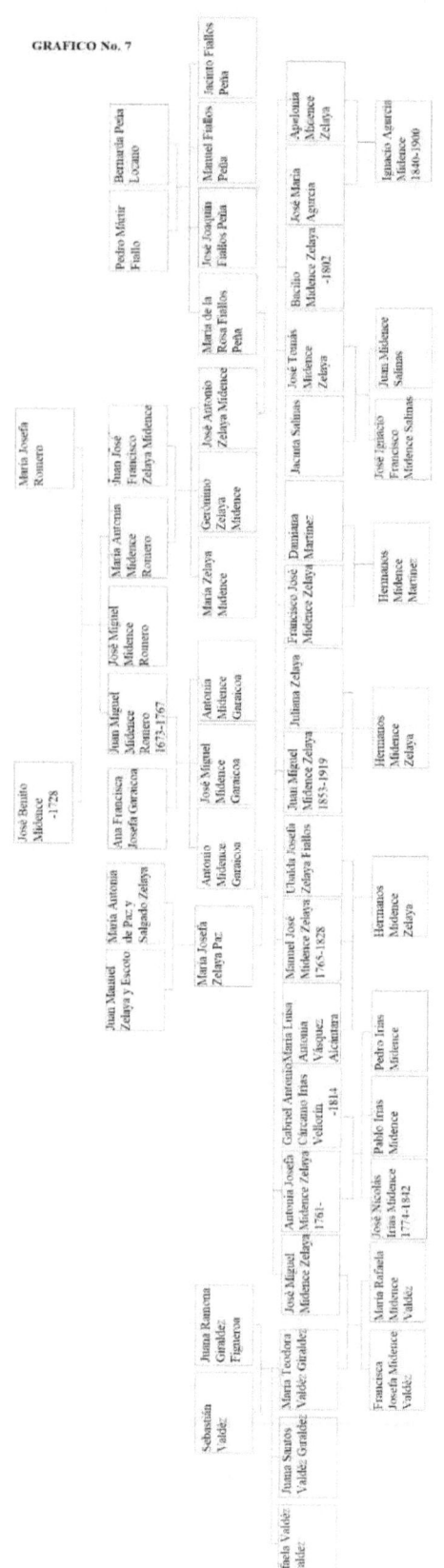

GRAFICO No. 7

Uno de los hijos de José Benito Midence y María Josefa Romero fue el coronel, Regidor y Alcalde Ordinario de Primera Vara y Alcalde Mayor de Tegucigalpa Juan Miguel Midence Romero. Este emparentó con una de las familias mineras más importantes de Guatemala al casarse con Ana Francisca Josefa de Garaicoa e inició la familia Midence Garaicoa. Sus hijos y nietos formaron nuevas familias que provocaron el surgimiento de otras familias con fuertes lazos comerciales e influencia social y política tanto en Guatemala como en Honduras (Zepeda, ob. cit.).

De José Miguel Midence Zelaya y María Teodora Valdéz y Giraldez nacieron Francisca Josefa y María Rafaela Midence Valdéz. María Teodora y sus hermanas Juana Santos y Rafaela fueron las hijas de Juana Ramona Guiraldes y Figueroa y de Sebastián Valdéz. Su patrimonio estaba conformado por varias haciendas y hatos ganaderos en Guatemala y Honduras.

Fue su hermano, el Ingeniero Civil, catedrático universitario, comerciante y exportador de ganado Juan Miguel Midence Zelaya (1853-1919), que al enviudar de Josefa Zúniga, se casó con Felipa Lazo Arriaga, la hermana de Luís, Antonio y José Esteban Lazo Arriaga.

El esposo de Apolonia, José María Agurcia era un comerciante originario de Talanga y Regidor de la Municipalidad de Tegucigalpa. Y su hijo Ignacio Agurcia Midence se casó con su prima hermana Isabel de Jesús Midence Soto (6 junio 1858-15 marzo 1938) el 10 de abril de 1875. Fue nieta de Antonio Midence Garaicoa y María Zelaya y Escoto Paz, de Juan Midence Salinas y Josefa Castro.

Antonia Josefa Midence Zelaya contrajo matrimonio con el Alcalde Ordinario de Segunda Nominación de la Real Villa de Tegucigalpa, Gabriel Antonio Cárcamo Irías Vellorín, formando la familia Irías Midence. Su hijo, José Nicolás Irías Midence (1776-San José de Copán, Honduras 13 septiembre, 1842) fue cura vicario de Tatumbla, Olancho y el curato de Cururú[12] entre 1803 y 1806. En noviembre de 1815 tomó posesión de la canonjía rectoral de Comayagua y el 5 de noviembre de 1817 fue nombrado chantre de la misma catedral (Durón, 1936: 476). Fue uno de los firmantes del Acta de adhesión a la Independencia en septiembre de 1821 en Comayagua y la Constitución de 1824.

Manuel José Midence Zelaya (18 noviembre 1765-1828) fue Teniente de Ministros, alcalde (1801), subdelegado del partido de Tegucigalpa, Administrador de la Real Casa de Rescates de Tegucigalpa y Regidor Perpetuo. Casado con Ubalda Josefa Zelaya Fiallos y con María Luisa Antonia Sinforosa Vásquez Alcántara. Su hijo Ramón José de Jesús Midence Vásquez contrajo matrimonio con Vicenta Valle Salabarría, nieta de Juan Judas Salabarría Sigüenza (originario de Chiquimula, Guatemala, un comerciante, capitalista, banquero y benefactor de obras públicas). Su hija Luisa María Midence Valle se casó con el Ingeniero Civil y Geólogo José Esteban Lazo Arriaga (Tegucigalpa 10 agosto 1845-Tegucigalpa 15 julio 1894).

José Esteban fue Decano de la Facultad de Ciencias de la Universidad de Honduras (1882) y director de la Casa de la Moneda o Real Casa de Rescates, sitio de recaudo de la plata extraída de las minas de la Real Villa para luego ser enviada a Guatemala. Además, también fue concejal de la municipalidad de Tegucigalpa en 1886.

---

[12] Con la división política de 1889 éste pasó a ser un distrito compuesto por los municipios de Opatoro, Guajíquiro y Santa Ana de Cacauterique en La Paz.

GRAFICO No. 8

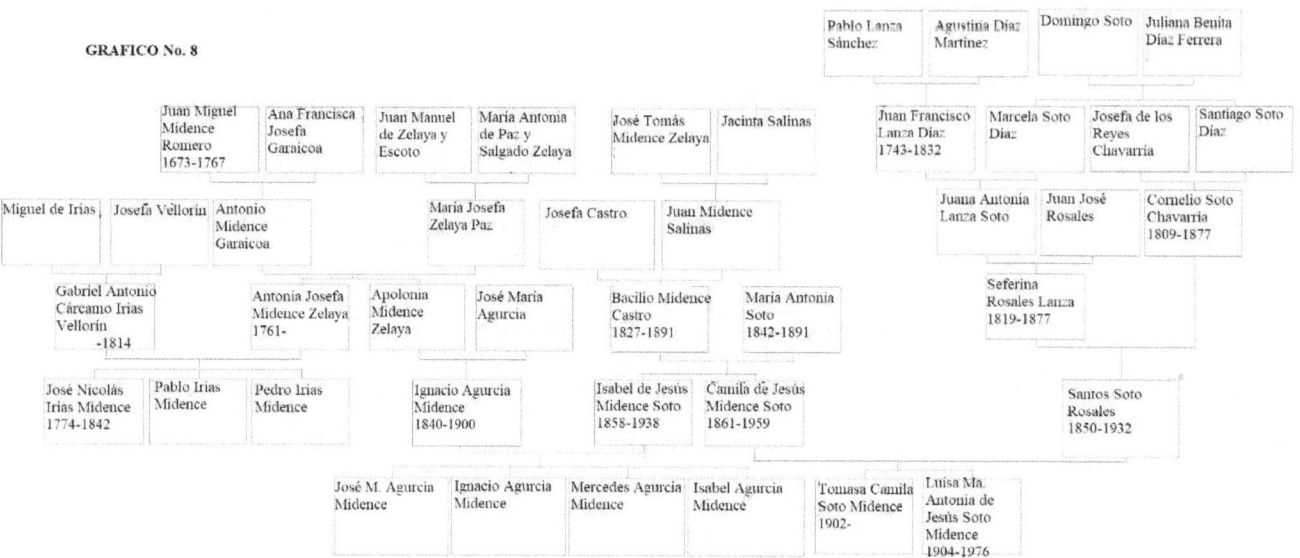

Enrique Adolfo Midence Valle (Tegucigalpa 22 de abril 1846-Tegucigalpa 17 septiembre 1887) se casó con su prima Pura Lazo Valle y formaron la familia Midence Lazo. Su tío José Tomás Midence Zelaya (-Tegucigalpa 9 octubre 1836), al igual que sus hermanos y otros familiares participó en la administración pública al ser Regidor, Alcalde Municipal y Juez, además de ganadero y comerciante. Él y su esposa Jacinta fueron los bisabuelos de Camila de Jesús Midence Soto (1861-1959), esposa de Santos Soto Rosales. Pues su hijo Juan José se casó con Josefa Castro y su hijo Basilio Midence Castro contrajo nupcias con María Antonia Soto, padres de Camila.

Santos Soto Rosales nació en Santa Lucía, Francisco Morazán el 26 de octubre de 1850, murió en El Salvador un 5 de diciembre de 1932 a los 82 años. Hijo de Cornelio Soto Chavarría (16 de septiembre de 1809-21 julio de 1877) y Seferina Rosales Lanza (26 de agosto de 1819-11 de febrero de 1877). Fue el capitalista más acaudalado de Honduras durante las décadas de 1910 y 1920. También fue comerciante, político, banquero, prestamista, agente contratista, minero, terrateniente, contribuyente capitalista de primera clase, representante del consulado británico en Tegucigalpa y representante del gobierno de Honduras en Nicaragua e Italia. Ministro de Hacienda, Consejero Municipal (1884), diputado de la Asamblea

Nacional Constituyente de 1894 y 1906. Ministro de Hacienda y Crédito Público, socio fundador y presidente del Banco de Honduras (1889) y de la Cámara de Comercio de Honduras en 1890.

GRAFICO No. 9

Juan José Francisco Zelaya Midence
María Antonia Midence Romero
Pedro Mártir Fiallos
Bernarda Peña Lozano
Juan Miguel Midence Romero 1673-1767
Ana Francisca Josefa Garaicoa
Juan Miguel de Zelaya y Escoto
María Antonia de Paz y Salgado Zelaya
Lorenzo F. Vásquez Aguilar
María Manuela de Arguinarena Rivera Sobrado Santelices
José de Alcántara y Oviedo
Rosa María García Barquerizo
José Antonio Zelaya Midence
María de la Rosa Fiallos Peña
Antonio Midence Garaicoa
María Josefa Zelaya Paz
Manuel Antonio Vásquez Rivera
Juana María Alcántara García
Ubalda Josefa Zelaya Fiallos
Manuel José Midence Zelaya 1765-1828
María Luisa Antonia Sinforosa Vásquez Alcántara
Manuel Emigdio Vásquez Alcántara
Martina Toruño
Cristina Ramona Vásquez Alcántara
José León Vásquez Alcántara
María Concepción Lavaqui
Dolores Midence Zelaya
Mariana Midence Zelaya
Tomasa Midence Zelaya
Juana A. Midence Zelaya
María J. Midence Zelaya
Ramón José de Jesús Midence Vásquez 1814-1892
Ramona A Midence Vásquez
Cornelio Midence Vásquez
Antonio Ramón Midence Vásquez
José Wenceslao Midence Vásquez
Domingo Vásquez Toruño 1846-1909

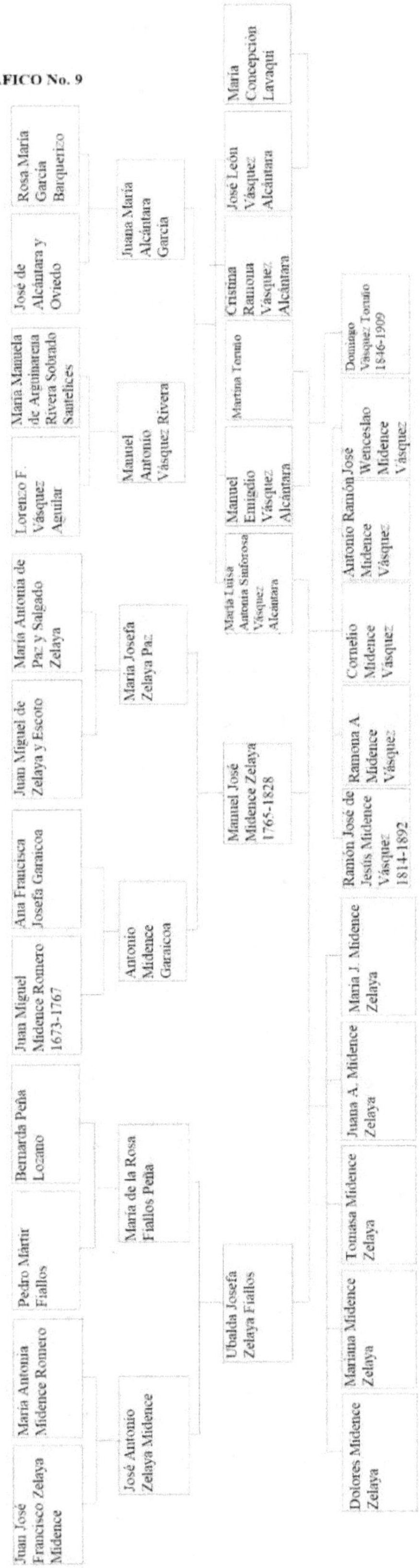

El billete bancario emitido por el Banco de Honduras con valor de 10 lempiras el 5 de marzo de 1941 con número de serie 006704 llevaba impresa su imagen (Zepeda, ob. Cit. / Oyuela, L., 2003 / Pinto R., 2019).

REPÚBLICA DE HONDURAS
EL BANCO DE HONDURAS
10
006704
DIEZ LEMPIRAS

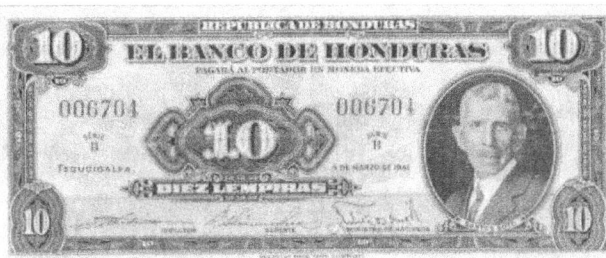

Figura No. 8:
Billete impreso en 1941 por la Compañía Americana de Billetes de Banco de Estados Unidos, serie B 006704.
Coinect. com

GRAFICO No. 10

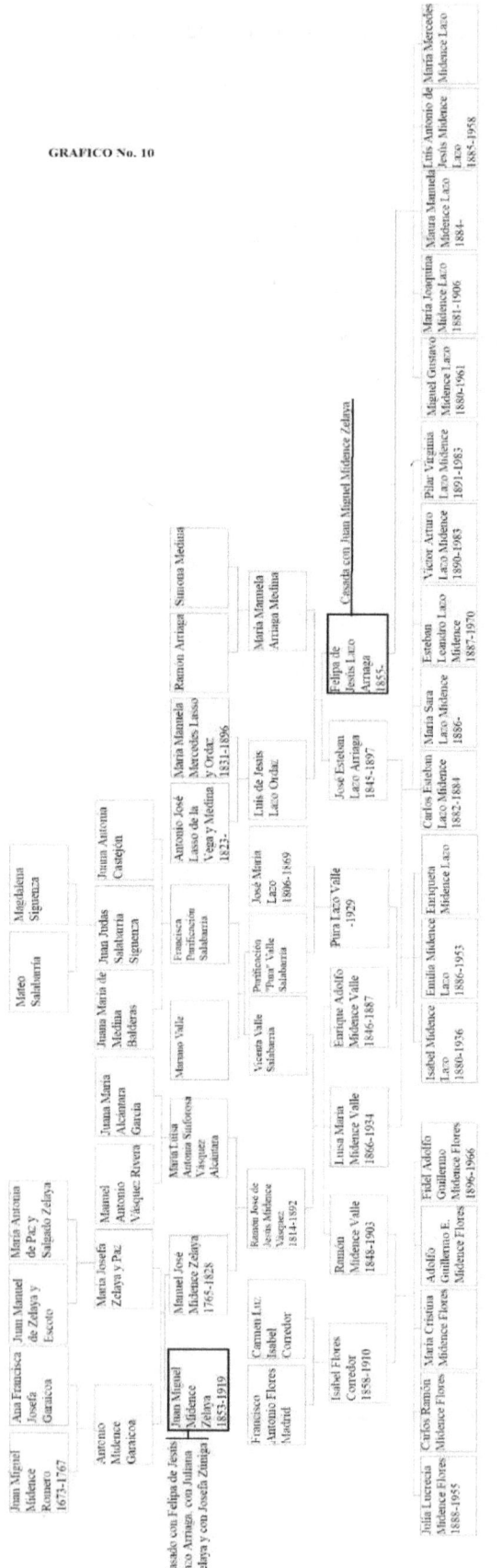

Los hermanos Lazo Arriaga se introducen en este grupo familiar al emparentar vía matrimonio: José Esteban con Luisa María Midence Valle para formar la familia Lazo Midence, mientras que su hermana Felipa de Jesús (1855-) al casarse con Juan Miguel Midence Zelaya (1853-1919) formaron la familia Midence Lazo. Antonio (1857-1938) se caso con la cubana María Lorena Guiral Domínguez (1863-1897), residentes en Nueva York. Fueron sus hijos: Jorge Guillermo, Julio Víctor, Mario Roberto (1895-1976) y Carlos Enrique Lazo Guiral. Luís se casó con Emilia Peña Segui. Cornelio (1869-) se casó con María del Carmen Rodezno Midence y sus hijos fueron: Carmen (1898-) y Arturo Carlos (1899-) Lazo Rodezno. Su hermana Clotilde Lazo Arriaga estuvo casada con Marcial Gamero Idiáquez. Algunos miembros de estas familias y varios de sus descendientes radicaron en Danlí, El Paraíso (Honduras), Guatemala, El Salvador y Estados Unidos. El grupo familiar de los Lazo forma parte de antiguas familias que datan del siglo XVIII y cuya posición socio cultural, económica e influencia política se dejó sentir en la sociedad. Fueron mineros, hacendados, comerciantes, propietarios de casas, prestamistas, intelectuales, formaron parte del gobierno local y central, y ejercieron cargos diplomáticos.

Finalizando el siglo XIX y mediados del siglo XX, debido a las actividades mineras y agrícolas generadas en la región central y zona norte del país, elementos extranjeros se introducen nuevamente en las familias hondureñas con poder económico y político, es decir, en las familias de alcurnia. Algunas de estas son familias con larga trayectoria otras que en el transcurso de la historia se relacionaron vía matrimonio o por negocios y orbitaron alrededor de ellas y su influencia. El factor extranjero introdujo capitales, relaciones diplomáticas y otros patronímicos en las redes familiares. En especial vemos como durante las primeras décadas del siglo XX ingresan a estas familias ciudadanos de origen árabe palestino con un patrimonio que les permitió asentarse en la región, especialmente en la zona norte donde desarrollaron su actividad comercial y posteriormente establecieron sus bazares y tiendas, a pesar de la hostil *Ley de Inmigración de 1934* (Euraque, 2009: 246).

Una vez que lograron establecerse y encajar en la sociedad hondureña, sus hijos entablaron relaciones matrimoniales y en su seno sobresalen importantes nombres en la política y en los negocios. Para el caso, Ignacio José Francisco Midence Salinas y su esposa Guadalupe Palada fueron los bisabuelos del Ingeniero Industrial y político liberal Carlos Roberto Flores Facussé (Tegucigalpa 10 marzo 1950). Hijo de Oscar Armando Flores Midence (1912-1980) y Margarita Facussé Barjum (1913-2004). El abogado Oscar Armando fue periodista y político; presidente de la Corte Suprema de Justicia entre 1963 y 1965; editorialista del diario El Cronista en 1935, en 1936 fue editor de la revista Tegucigalpa; director de la revista ANC, órgano de la Asociación Nacional de Cronistas entre 1936 y 1938; fundó en 1976 y fue el primer director del diario La Tribuna de Tegucigalpa (Argueta, M., 1990). Su hijo Carlos Roberto fue diputado por Francisco Morazán, ministro en el gobierno de Roberto Suazo Córdoba (1982-1986), diputado de la Asamblea Nacional Constituyente (1980-1981), ministro de la presidencia en el gobierno de José Simón Azcona del Hoyo (1986-1990), presidente del Congreso Nacional y presidente de Honduras (1998-2002). Su hermana Celsa (Tegucigalpa 2 febrero 1952) es una reconocida pintora con estudios en Economía e Historia del Arte. Sus obras forman parte de colecciones públicas y privadas (Restrepo, 2010). Carlos Roberto Flores Facussé se casó en 1973 con Mary Carol Flake (Memphis, Tennessee 25 septiembre 1950) de cuya unión nacieron Mary Elizabeth "Lizzy" y Carlos David Flores Flake.

Desde 2010, "Lizzy" se desempeña como embajadora de Honduras ante las Naciones Unidas en Nueva York.

Por su encomiable labor humanitaria, la señora Flake de Flores ha recibido muchos premios y reconocimientos a nivel nacional e internacional. Ha presidido varias organizaciones benéficas. Siendo primera dama de Honduras promovió la construcción del Museo de la Niñez o Centro Interactivo de Enseñanza "Chiminike". Este es un centro de enseñanza de ciencias e historia orientado a la niñez hondureña. El centro fue inaugurado en 2003 bajo la administración de la organización Profuturo presidida por *Guillermo Bueso Arias y la señora Flake de Flores su Vicepresidenta* (Euraque, 2010: 48). La misión de esta organización es reducir la brecha educativa a nivel mundial mediante la implementación de tecnologías de calidad, con la ayuda de diversos sectores e instituciones como la Organización de las Naciones Unidas para la Educación, la Ciencia y la Cultura UNESCO.

GRAFICO No. 11

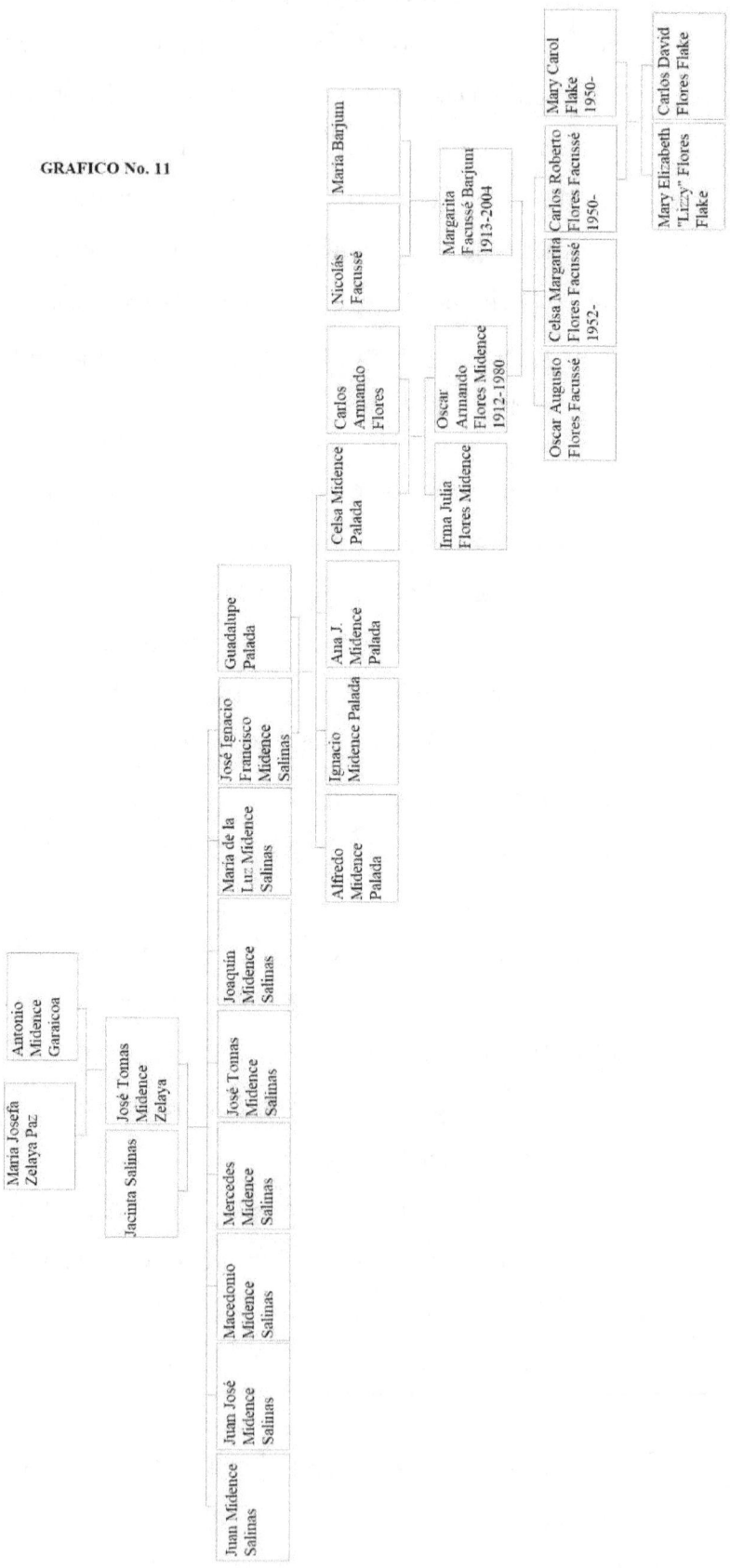

GRAFICO No. 12

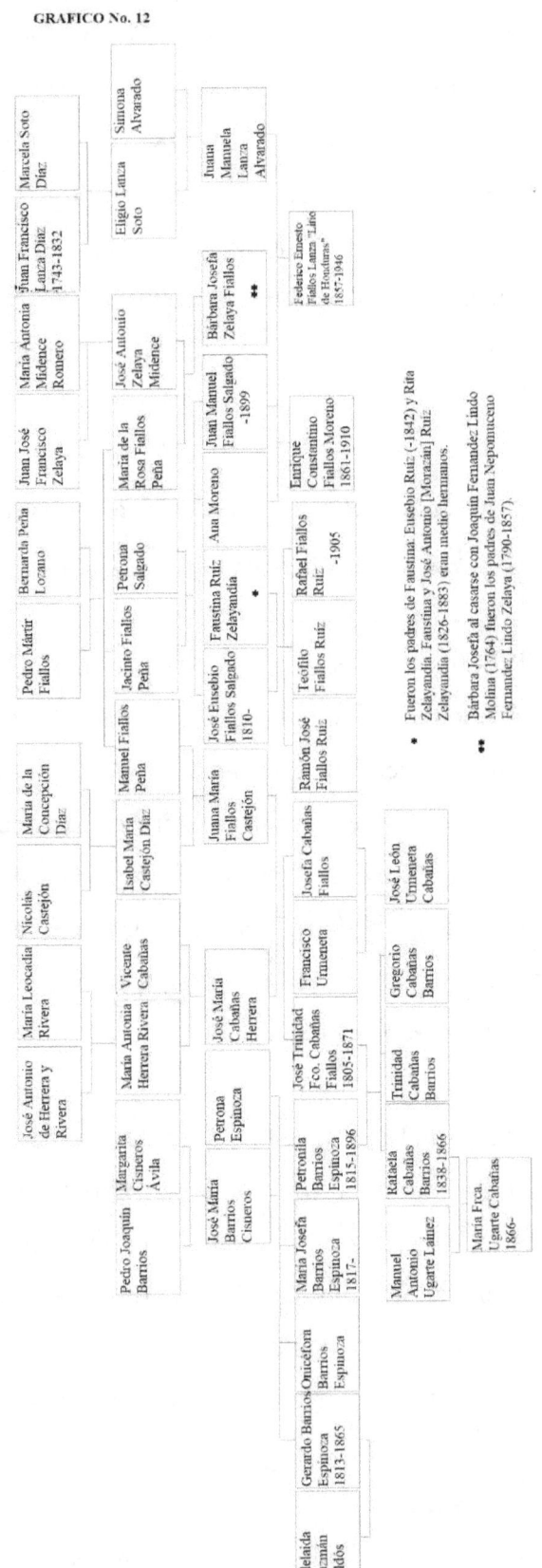

Por otro lado, la descendencia femenina de los Midence Garaicoa inicia con Antonia Midence Garaicoa que contrajo nupcias con su tío político Juan José Francisco Zelaya, viudo de María Antonia Midence Romero con quien había procreado a José Antonio Zelaya Midence. Capitán de Granaderos, Regidor Municipal, primer Alcalde Ordinario de Tegucigalpa y que al casarse con María de la Rosa Fiallos Peña inicio la familia Zelaya Fiallos. Fueron los abuelos del presidente Juan Lindo (ver gráfico No.6).

Los padres de Juan Nepomuceno Fernández Zelaya, conocido también como Juan Lindo (León, Nicaragua 27 abril 1790-Gracias 26 abril 1857) contrajeron matrimonio el 21 de diciembre de 1785 en Tegucigalpa. Su padre, Joaquín Fernández Lindo Molina era hijo de Alonso Lindo y María Mercedes Molina de la provincia de León, Nicaragua.

Don Joaquín era un importante minero y ganadero, Escribano Público Mayor de Gobierno (1792) en la Gobernación-Intendencia de Comayagua y Regidor Perpetuo del Noble Ayuntamiento de Comayagua (1814). Juan Nepomuceno fue Abogado de la Excelentísima Audiencia de México, Alférez Real del Antiguo Ayuntamiento, Jefe

Político Superior de la Provincia de Honduras, presidente de la Excelentísima Diputación del Congreso Imperial (México), Gobernador de la provincia de Comayagua. Político conservador-unionista, opositor del General José Rafael Carrera y Turcios (1814-1865). En su gobierno se decretó la Constitución Política de 1848. Fue presidente constitucional designado por el Congreso del 12 de febrero de 1847 al 4 de febrero de 1848, reelecto a partir de esa fecha al 1 de febrero de 1852. Otorgó mediante decreto legislativo del 10 de marzo de 1846, el rango de Universidad de Honduras a la Academia Literaria, antes Sociedad del Genio Emprendedor y del Buen Gusto (Durón, 1930).

Manuel, uno de los hermanos de María de la Rosa Fiallos Peña, al casarse con Isabel María Castejón Díaz, fueron los abuelos de José Trinidad Francisco Cabañas Fiallos (Tegucigalpa 9 junio 1805 - Comayagua 8 enero 1871). Este fue un político y militar que formó parte del ejército de José Francisco Morazán Quezada. Presidente de Honduras del 1 marzo 1852 al 18 octubre 1855. Casado con la hermana del presidente salvadoreño Gerardo Barrios Espinoza (1859-1863). Siendo presidente de Honduras el General José Trinidad Francisco Cabañas Fiallos se reorganizó la policía, se reglamentó la corte y el sistema judicial, se fortaleció la milicia y se reguló la exportación de madera, entre otras. Fueron tíos de José Trinidad: Juan Miguel, Antonio Gil y Vicente José Fiallos Castejón. Rafaela Cabañas Barrios, su hija, se casó con Manuel Antonio Ugarte (hijo de Dámaso Ugarte y María Francisca Laínez), procreando a María Francisca Ugarte Cabañas el 11 junio 1866 (Valladares, 1971).

Gerardo Barrios Espinoza se autoproclamó presidente de El Salvador el 12 de marzo de 1859, fungiendo como tal hasta el 12 de enero de 1860. Posteriormente la Cámara de Diputados lo proclamó presidente para el período de 1860 a 1865. Gerardo se desempeñó también como secretario municipal de Cacahuatique y sirvió en el ejército bajo el mando de José Francisco Morazán Quezada. Durante su mandato impulsó la separación de la Iglesia y el Estado, contrató maestros franceses para realizar la reforma educativa desligándola del control eclesiástico. Los hermanos Barrios Espinoza: Petronila (1815-1896), María Josefa (1817-), Onicéfora, Ester (-1844) y Gerardo (1813-29 agosto 1865), fueron hijos del terrateniente José María Barrios y Petrona Espinoza de Barrios, casados en 1812. Sus abuelos fueron Pedro Joaquín Barrios (español nacido en Francia) minero y comerciante de añil y Margarita Cisneros

Ávila criolla nacida en San Miguel. Se casó con Adelaida Guzmán Saldós, hija del General Joaquín Eufrasio Guzmán y Paula Saldós. (Ruiza y Tamaro, 2004).

Por otro lado, el viudo de María Antonia Midence Romero, Juan José Zelaya, contrajo nuevas nupcias con su sobrina política Antonia Midence Garaicoa y también con María Manuela de Zepeda. De esta unión nació José Simón (Simeón) de Zelaya y Zepeda (29 octubre 1714-12 noviembre 1775), quien mando a construir la iglesia parroquial San Miguel Arcángel de Tegucigalpa en 1765 finalizando la obra en 1781. El diseño de esta fue realizado por el guatemalteco Gregorio Nacianceno Quiroz. En ella se encuentran enterrados sus restos mortales, así como los de José María Lazo, José Santos Guardiola Bustillo, José Trinidad Reyes, Manuel Bonilla Chirinos y varias autoridades eclesiásticas.

Los lazos familiares de este extenso grupo comenzaron a entretejerse entre finales del siglo XVI e inicios del siglo XVII. Varios de sus miembros participaron activamente en la historia hondureña; fueron propietarios y socios de negocios comerciales (bancos, hoteles, cafeterías, tiendas), mineros, ganaderos; fueron consejeros y alcaldes municipales, gobernadores políticos, tesoreros de la hacienda pública, representantes diplomáticos, miembros de asociaciones gremiales. Y como resultado de las diversas relaciones matrimoniales con miembros de otras familias, varios de sus descendientes alcanzaron la presidencia de la República (Juan Nepomuceno Fernández Lindo y Zelaya, José Trinidad Francisco Cabañas Fiallos, Carlos Roberto Flores Facussé…). Sus lazos familiares se extendieron más allá de las fronteras hondureñas, enfrentaron los desafíos y cambios del siglo XVIII y XIX y continuaron fortaleciéndose y adaptándose hasta llegar al siglo XX, tal y como se ha demostrado en líneas anteriores.

C. Los Reyes Vallecillo

Las raíces familiares de los Reyes Vallecillos se inician al contraer matrimonio Manuel Reyes con María Manuela Vallecillo. Aunque no formaban parte de las familias de alcurnia, el actuar de algunos de sus descendientes en la vida cultural y política de Honduras en la época en que a cada uno les tocó vivir fue muy importante y sus obras han perdurado hasta nuestros días: José Sahagún de la Santísima Trinidad Reyes Sevilla, Ramón [Soto] Rosa, Rafael Heliodoro Valle… A través del tiempo la parentela y las diferentes relaciones de esta familia se convirtieron en un verdadero laberinto al igual que en otras familias por el uso indistinto de apellidos y repetición de nombres. Su cuadro genealógico es bastante extenso y en su seno, a lo largo del tiempo, se gestaron hombres de gran intelecto e influencia en la sociedad hondureña como lo veremos más adelante.

Uno de los nietos del matrimonio Reyes Vallecillos fue el maestro, consejero de Estado y firmante del Acta de Adhesión a la Independencia de Centro América el 28 de septiembre de 1821, Felipe Santiago Reyes Turcios. Felipe Santiago contrajo matrimonio el 31 de agosto de 1796 con la hija que su prima Cecilia Reyes Paz tuvo con Miguel María Sevilla Girón. Miguel María fue un escribiente de la municipalidad de Tegucigalpa. Dicha unión fue bendecida por el presbítero, cura vicario y juez eclesiástico de la villa de Tegucigalpa Juan Francisco Márquez y Castejón[13] (16 enero 1750-12 enero 1815). Les nacieron siete hijos, siendo el primogénito José Sahagún de la Santísima Trinidad Reyes Sevilla (Real de Minas de Tegucigalpa 11 junio 1797-Tegucigalpa 20 septiembre de 1855), bautizado por fray Nicolás de Hermosilla el 14 de junio del mismo año en la iglesia parroquial de Tegucigalpa, donde se encuentran sus restos mortales (Vallecillos, 1955).

José Sahagún de la Santísima Trinidad Reyes Sevilla, posteriormente conocido como el padre Reyes o padre Trino. Educado en la Universidad de León, Nicaragua donde obtuvo el título de bachiller en Filosofía, Teología y Derecho Canónico. Al producirse la guerra civil en Nicaragua en 1825 los religiosos se vieron obligados a salir del país y trasladarse al convento

---

[13] Fueron los padres de Juan Francisco, Francisco Márquez de Moisés originario de Castilla y Rita Castejón Romero de la villa de Tegucigalpa. Gracias a sus esfuerzos fue construida la iglesia Santa María de los Dolores y también contribuyó con el padre José Valle en la construcción de la iglesia Inmaculada Concepción de Comayagüela (M.C. 2017: latribuna.hn).

de la Recolección (parroquia del Santísimo Nombre de Jesús) en Guatemala donde concluyó su formación clerical. El padre Reyes fue músico, filósofo, teólogo, escritor, diputado al Congreso (1852), benefactor de la educación y la cultura, defensor de los derechos de las mujeres cuyas ideas dejó plasmadas en las *Ideas de Sofía Seyers*[14]. Con su estilo poético bucólico demandó y denunció situaciones políticas con las que no estaba de acuerdo. Fue el primer rector y catedrático de varias asignaturas en la Sociedad del Genio Emprendedor y del Buen Gusto (raíces de la Universidad Nacional). La mayor producción literaria de Reyes fueron las pastorelas, textos escritos en verso sencillos y de fácil comprensión popular. Como lo expresa Julio Escoto (citado por Medina D., 1995: 24): *es el autor base que empieza la literatura hondureña propiamente dicha….*

Otro intelectual y artífice de cambios sustanciales en Honduras que pertenece a este grupo familiar fue el abogado, escritor y político Ramón [Soto] Rosa principal ideólogo de la Reforma Liberal en Honduras. Así como también el historiador, literato, fundador del Ateneo Americano y embajador de Honduras en Estados Unidos en el período de 1949 a 1956, Rafael Heliodoro Valle. Por lo tanto, Felipe Santiago Reyes Turcios y María Francisca Sevilla Reyes fueron bisabuelos de Ramón Rosa y tatarabuelos de Rafael Heliodoro Valle.

La madre de María Francisca, Cecilia Reyes Paz era hija de Mariana de la Paz y Torres y José Reyes Vallecillos; hermano de Pablo y tío de Felipe Santiago, por lo que éste era tío segundo de María Francisca. Josefa del Valle, la esposa de Sebastián, era hermana del cura José del Valle que construyó la iglesia La Limpia Concepción de María de Tegucigalpa y la casa contigua utilizada como sacristía. El inmueble fue solicitado en herencia por el padre José Trinidad Reyes por parentesco directo a través de su abuela Cecilia Reyes Paz, el 19 de marzo de 1838 ante el Juzgado de 1ª Instancia de Tegucigalpa que resolvió favorablemente el 7 de abril de ese mismo año. En 1857 el inmueble en ruinas fue rematado a favor del comerciante Pio Uclés.

Figura No.9:
Plaza de Tegucigalpa y al costado norte la Iglesia la Limpia Concepción de María.
Squier. 1856.

---

[14] Seudónimo utilizado por el padre Reyes en el escrito para exponer el sometimiento de la mujer a la autoridad del padre y del marido. Excitaba a las mujeres para que alzaran su voz en protesta de esta situación y reclamaran el lugar que les correspondía en la vida intelectual y política de la sociedad del momento.

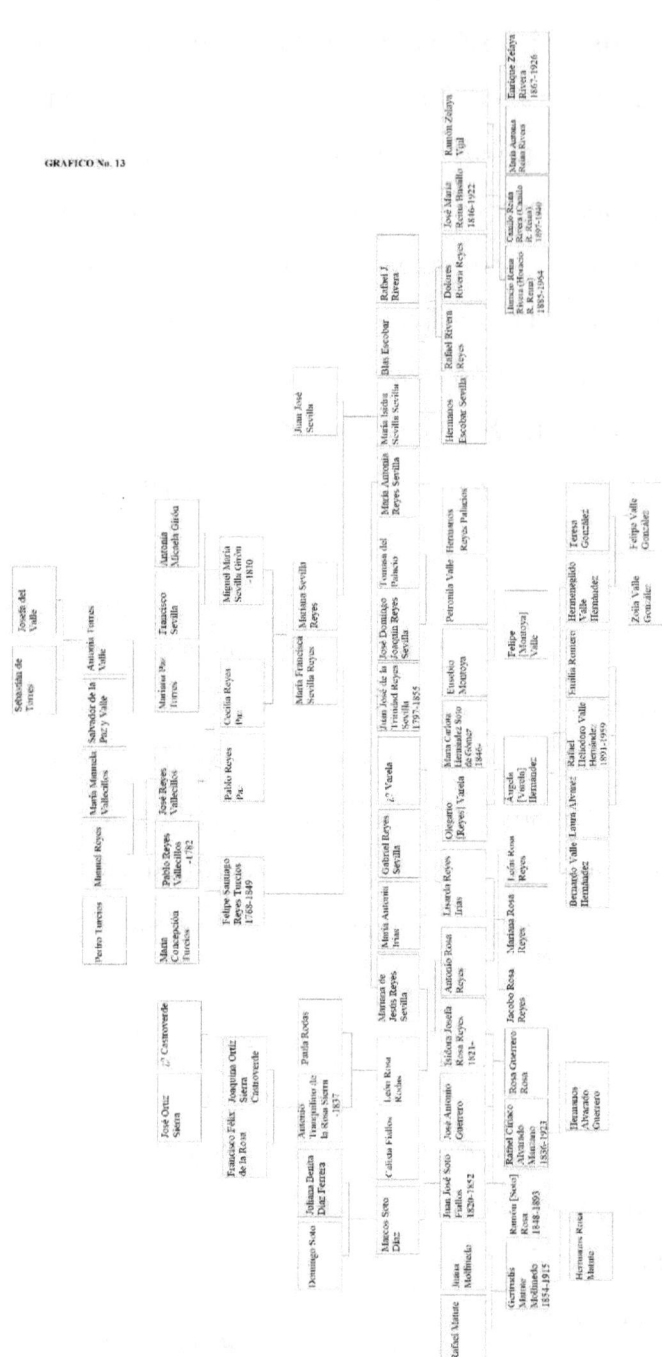

GRAFICO No. 13

Allí también se enterraron los restos de José Simeón de Zelaya Zepeda (1714-1775) hijo de Juan José Zelaya y María Manuela Zepeda, una de las familias mineras más acaudalas de Tegucigalpa.

Mariana de Jesús Reyes Sevilla, hermana del padre Reyes, se casó con León Rosa Rodas, hijo del acaudalado tegucigalpense Antonio Tranquilino de la Rosa y Aguayo. Este era propietario de varias minas en el cerro San Lorenzo Guazucarán, en Santa Lucía y Guayabillas. Subdelegado de Hacienda entre 1808 y 1812. Su padre Francisco de la Rosa Aguayo y Aguilar figuró entre los principales vecinos del Real de Minas en 1762. Era originario del *reyno de Córdova nativo de la villa de Cabra*, casado con Juachina (Joaquina) Ortiz de la Sierra, nieta del Sargento Mayor Antonio Castroverde. Una de las *principales señoras de este lugar…* (Durón, 1904; 219).

Isidora Josefa Rosa Reyes, sobrina del padre Reyes, y José Antonio Guerrero fueron los padres de Rosa Guerrero Rosa (casada con Rafael Ciriaco Alvarado Manzano, según acta matrimonial del 10 de enero de 1863 en la iglesia parroquial de Tegucigalpa). Y de su relación marital con Juan José Soto Fiallos nació Ramón [Soto] Rosa.

Rafael Ciriaco (Tegucigalpa 8 agosto 1836 -Tegucigalpa 26 de febrero de 1923), hijo de Lorenzo Alvarado y María Estanislao Manzano (casados el 22 febrero de 1832), aprendió el oficio de talabartero de su padre. Realizó estudios para obtener el grado de Bachiller en Filosofía en la Academia Literaria, rectorada por el padre José Trinidad Reyes. Posteriormente obtuvo el título de Bachiller en Derecho Civil (Guardiola, 1939). Abogado (1862); Secretario de la Universidad Nacional (1863); Jefe Político y Secretario Municipal (1874); Juez de Paz de Tegucigalpa (1875); Juez de Primera Instancia de Tegucigalpa (1876-1880); ministro durante el gobierno provisional del abogado Crescencio Gómez (del 15 de mayo al 1 de septiembre de 1865 y del 13 de junio al 12 de agosto de 1876); Diputado de la Asamblea Constituyente (1880); Magistrado de la Corte Suprema de Justicia; miembro del Consejo de Ministros (1883-84); Secretario de Estado en el Despacho de Hacienda y Crédito Público; Secretario General interino en el gobierno de Luís Bográn Barahona (1883-1891); Secretario de Estado en el Despacho de Justicia, Instrucción Pública y Guerra; Vicedirector y Director del Instituto Nacional (1882-1888); Rector de la Universidad (1892). Además, era miembro de la Academia Científico-Literaria de Honduras (1888); Decano de la Facultad de Jurisprudencia y Ciencias Políticas (1905-1906); Ministro de Relaciones Exteriores en 1912.

Ramón [Soto] Rosa era hijo de Isidora Josefa Rosa Reyes (sobrina del padre Reyes) y Juan José Soto Fiallos hermano de Máximo Soto Fiallos, el padre de Marco Aurelio Soto Martínez. Nació en Tegucigalpa el 14 julio 1848, muriendo en la misma ciudad el 29 mayo de 1893. Abogado de profesión, político y escritor. El 8 de mayo de 1876, a los 28 años contrajo matrimonio con Gertrudis Matute Mollinedo (1854-1915) originaria de Guatemala, hija de Rafael Matute y Juana Mollinedo. En Guatemala Ramón se desempeñó como maestro de segunda enseñanza y catedrático en la Universidad de San Carlos; fue Subsecretario de Hacienda y Secretario de Relaciones Exteriores hasta 1876 cuando se traslada a Honduras para acompañar a su primo Marco Aurelio en la dirección del país centroamericano.

Fue biógrafo de José Cecilio del Valle (1882), Francisco Morazán (1882), José Trinidad Reyes (1878), Francisco Ferrera, José Milla y Vidaurre (1871), Arcadio Estrada y Manuel Diéguez y Olaverry (Valle, 1948). También fue redactor en jefe del periódico literario El Guacerique (1892), dirigido por Juan María Cuellar, entre los corredactores del periódico estaban Rómulo Ernesto Durón y Esteban Guardiola.

Antes de celebrarse las elecciones generales de 1891, Rosa propuso la creación del Partido Progresista Liberal (PPL) e incluso formuló la doctrina bajo la cual debía regirse esta institución política. Ideas que quedaron plasmadas en la Constitución de 1880 emitida en el marco de la Reforma Liberal de Honduras. El PPL tuvo una corta existencia debido a la coyuntura política que se produjo con la insurrección de José Policarpo Bonilla Vásquez, que asumió la presidencia de Honduras en 1893 (Barahona, 2005).

Tres años atrás, el 5 de febrero de 1891, Policarpo Bonilla había fundado el Partido Liberal de Honduras. Este organismo político fue organizado inicialmente por Carlos Céleo Arias López[15] (Goascorán, Valle 2 de febrero de 1835-Comayagua 28 de mayo de 1890) en 1884, como una asociación secreta bajo el nombre de Liga Liberal, algunos de los miembros pertenecientes a la misma fueron el mismo Policarpo Bonilla (Ciro), Fausto Dávila (Lannes) y Manuel Ugarte (Danton). Cada uno de ellos firmaron sus manifiestos con seudónimo con el fin de evitar represalias por parte de la oposición (Rodríguez, et al, 1991:1).

Durante uno de los períodos anárquicos más intensos en la historia hondureña y ante la poca visión e incapacidad de la élite del momento, influenciados todavía por la Iglesia Católica, fue un impedimento para los pocos cambios que se pudieron realizar en pro de su desarrollo. Esa situación permitió que bajo la influencia de las reformas de orden y progreso propagadas en América Latina y especialmente bajo la influencia de Guatemala, ambos personajes (Soto y Rosa) asumieran el control del gobierno en 1876. Se demostró que podía haber orden y progreso mediante la correcta administración del Estado: modernizaron la economía y trataron de insertar al país a la economía mundial mediante la exportación de productos primarios, realizaron cambios estructurales en materia legislativa, educación, estructura vial y comunicación. Al dejar la presidencia Marco Aurelio, las familias Soto Mijangos y Rosa Matute

---

[15] Más conocido como Céleo Arias, presidente de Honduras entre el 27 de julio de 1872 al 13 de enero de 1874. Casado con Francisca Boquín Boquín. Era hijo del también presidente de Honduras Juan Ángel Arias (1800-1842) y Juana Lópe.

salieron hacia Estados Unidos donde se establecieron por algún tiempo. Luego Rosa regreso a Guatemala y Marco Aurelio partió hacia Paris. Ramón murió a los 45 años y su esposa a los 61 años (Guardiola E, s/f).

Es durante este agitado período de la historia hondureña que sobresale la figura del militar y político conservador José María Medina Castejón alias "Medinón" (Sensenti, partido de Gracias-Honduras 19 de marzo de 1826- Santa Rosa de Copán 23 enero de 1878). José María fue hijo del hacendado español Juan José Castejón y de Antonia Medina. Se casó con Mariana Milla y fueron los padres de Jesús María Medina Milla. "Medinón" estuvo al frente del ejecutivo en varias ocasiones como presidente provisional posterior al asesinato del General José Santos Guardiola Bustillo el 12 de enero de 1862, entre 1862, 1863, 1865 y 1876. Como presidente de facto en 1863 tras deponer al presidente interino José Francisco Montes Fonseca (del 4 diciembre de 1862 al 21 de junio de 1863). Fue presidente constitucional por primera vez al ser electo tras las elecciones del 31 de diciembre de 1863 a 1866 y en las elecciones de 1869. La última presidencia provisional de "Medinón" ocurrió el 6 de junio de 1876 cuando Ponciano Leiva Madrid le entrega el poder hasta el mes de agosto del mismo año cuando se le pide lo entregue al Doctor Marco Aurelio Soto Martínez. Tras una larga y conflictiva carrera militar, con el fin de establecer y mantener la paz en Honduras, bajo los cargos de conspiración, traición y ocultamiento de armas, José María Medina Castejón fue capturado, juzgado y fusilado el 23 de enero de 1878 en la ciudad de Santa Rosa de Copán. Tal como lo había recomendado el presidente de Guatemala Justo Rufino Barrios (Oliva, A. ob. Cit.).

Por otro lado, los hijos de Dolores Rivera Reyes, sobrina del padre Reyes, también figuraron en la sociedad y la política centroamericana: Enrique Zelaya Rivera era hijo de Ramón Zelaya Vijil, catedrático y militar del ejército del General Domingo Vásquez. Enrique nació en Tegucigalpa (1867-1926). Luego de obtener su título de Abogado (1895) se trasladó a El Salvador dónde se casó y ocupó varios cargos públicos. Con el vicepresidente José María Reina Bustillo (1846-1922), Dolores procreó a Camilo, Horacio y María Antonia Reina Rivera.

El General Camilo Reina Rivera o Camilo R. Reina (13 julio 1897-1940) fue Abogado, Comandante General de Armas de Puerto Cortes (1926) y Gobernador Político de Francisco Morazán; ministro de Guerra; Alcalde Municipal de Tegucigalpa (1921-1922) período durante el cual se inició la construcción del mercado Los Dolores inaugurado el 24 de diciembre de 1922. Camilo también se desempeñó como Director General de Policía en 1926 y 1933 (Mejía, 1948), con el apoyo de la Oficina Federal de Investigación (F.B.I) del departamento de Estado de Estados Unidos se modernizó el cuerpo de seguridad del gobierno de Tiburcio Carías Andino (Estrada, 2016). De sus varias relaciones maritales se le conocen unos 10 hijos. Se casó con Adelina Valerio (-22 junio 1938) y procrearon a Zoila, Dolores, Mariana, Raquel, Camilo, Humberto y Gilberto Reina Valerio. Con Eva Rodríguez procreó a Aracely y Manfredo Reina Rodríguez y de otra relación marital nació Olivia [Reina] Medina. Zoila Reina Valerio se casó con el abogado, escritor e historiador Ernesto Alvarado García (La Unión, Copán 21 enero 1904 – Tegucigalpa 26 noviembre 1972), miembro de la Sociedad de Abogados de Honduras, de la Sociedad de Geografía e Historia de Guatemala, de la Academia de Historia de Cuba así como también de la Sociedad de Escritores y Artistas Americanos de Cuba.

Su hermano Horacio Reina Rivera -Horacio R. Reina (Tegucigalpa 20 noviembre1885-1964), fue miembro en calidad de dibujante de la misión que atendió la problemática limítrofe entre Guatemala y Honduras que se llevó a cabo en Washington (1919-1920). En la misma misión también participó Rafael Heliodoro Valle. Durante 30 años residió en Estados Unidos. A su retorno en los años 50´s se desempeñó como maestro de dibujo técnico en la Escuela Nacional de Bellas Artes (Reina, 1957 / Bustillo, 1958). Como artista pictórico desarrollo el estilo expresionista y el retrato. Fue casado con María Mercedes Fajardo, naciendo de este matrimonio Luisa, Armando, Horacio, Betulia y Teodora Reina Fajardo.

Los miembros de la familia Reina han participado en la política hondureña desde los inicios del Partido Liberal en 1891. Hemos visto como el General José María Reina Bustillo se relacionó con la descendencia de Manuel Reyes y María Manuela Vallecillos, bisabuelos del padre José Trinidad Reyes, cuando con Dolores Rivera Reyes procrearon tres hijos. El General Reina Bustillo también mantuvo una relación con Raimunda Rosa de la cual nació el

GRAFICO No. 14

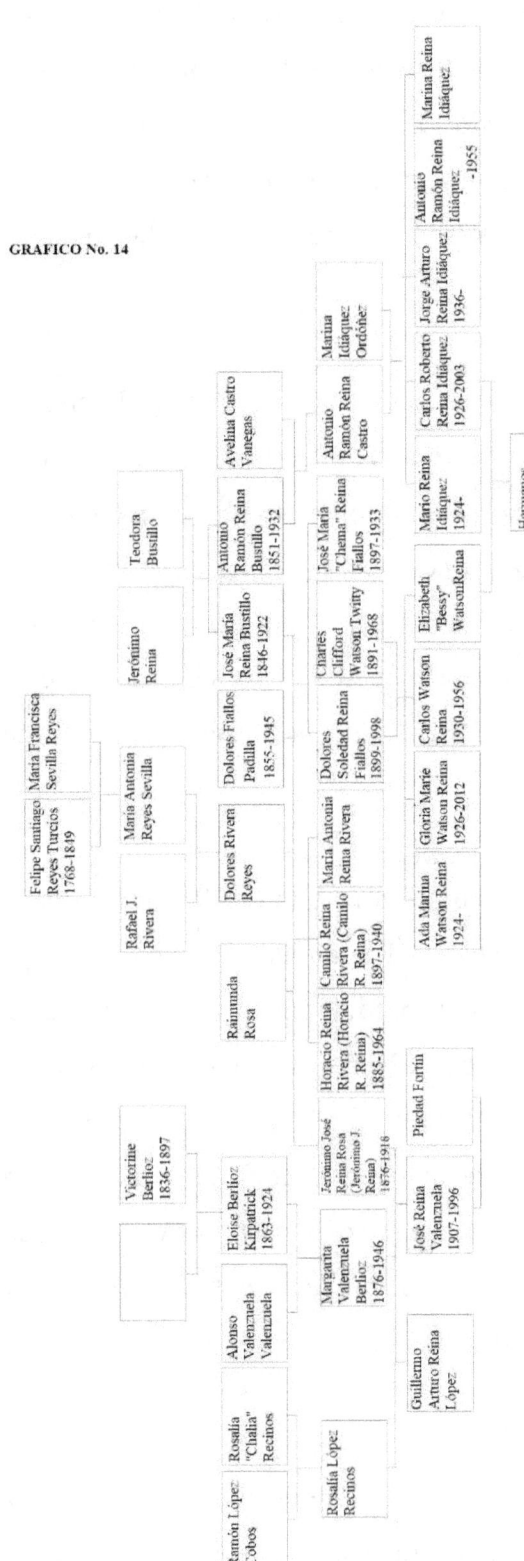

Abogado, poeta, periodista y militar Jerónimo José Reina Rosa o Jerónimo J. Reina (Tegucigalpa 7 diciembre 1876- 30 diciembre 1918). Jerónimo José organizó la sociedad literaria La Esperanza que contaba entre sus miembros a Luis Andrés Zúniga, Carlos María Varela, Augusto C. Coello, Adán Coello y Manuel Sabino López.

Fundó, junto a Rómulo Ernesto Durón y Manuel Sabino López el periódico La Estrella Solitaria (1898). Dentro de la administración pública fue director de la Biblioteca Nacional (1897-1899), Juez Segundo de Letras de Tegucigalpa (1900), Gobernador Político de Comayagua, Comandante de Armas y Gobernador Político de Santa Rosa de Copán (1915), también fue ministro de Guerra y Marina (1916). A él se debe la organización técnica, física e intelectual del Ejército Nacional. Fue director de la Academia Militar inaugurada el 1 de febrero de 1917. Autor del drama *La zapatilla de cristal* y *Copos de humo*. Casado con Rosalía "Chalía" López Recinos el 5 de marzo de 1915, hija de Ramón López Cobos y Rosalía Recinos. De su unión matrimonial nació Guillermo Arturo Reina López (Tróchez, 1971).

De un nuevo matrimonio con Margarita Valenzuela Berlioz (1876-1946) nació el doctor en Química y Farmacia, escritor e historiador José Reina Valenzuela (1907-1996).

También el General José María Reina Bustillo con la nicaragüense Dolores Fiallos fueron los padres de Dolores Soledad y del también General José María Reina Fiallos, conocido como "Chema" Reina (1897-1933). Miembro del Partido Liberal, Diputado, comandante de armas, gobernador político, fundo la Revista Militar. Fue un activo militar que formó parte del movimiento armado conocido como la revuelta de las traiciones. Murió "Chema" en un accidente aéreo en Nicaragua a los 36 años.

Se conoce este movimiento como la revuelta de las traiciones pues los mismos líderes del Partido Liberal, con Vicente Mejía Colindres (presidente de Honduras del 1 de febrero de 1929 al 1de febrero de 1933) a la cabeza de la institución política se negó a manipular el resultado de las elecciones. Desconociendo así las acciones ejecutadas por los efectivos militares y otros miembros afines al liberalismo que pretendían evitar que Tiburcio Carías Andino, candidato del Partido Nacional, tomara posesión del ejecutivo luego de ganar las elecciones presidenciales celebradas el 28 de octubre de 1932. Elecciones catalogadas de fraudulentas por los liberales.

Era la tercera vez que Carías Andino se presentaba como candidato del Partido Nacional (1923 y 1928). El candidato del liberalismo para esta contienda electoral fue José Ángel "Chángel" Zúniga Huete. Los enfrentamientos armados se produjeron en varias ciudades de Honduras, "Chema" Reina dirigió la revolución en la costa Norte, pero fue vencido por las fuerzas oficialistas y se vio obligado a partir hacia Guatemala y luego a Nicaragua. De Nicaragua pasó a la isla de Amapala donde tomo la plaza y mediante una proclama se autonombró presidente provisional de Honduras. José María nuevamente fue derrotado tras varios enfrentamientos armados en 1932. El mismo Zúniga Huete expresó: *emplearemos todos los medios activos y pasivos para impedir la presidencia del Gral. Carías...* (Castañeda, 1937: 26 / Contreras, C. 2000).

Por otro lado, su tío Antonio Ramón Reina Bustillo (1851-1932) Fue Abogado, alcalde de Comayagüela (1893), presidente de la Corte Suprema de Justicia, presidente del Congreso ante la Asamblea Nacional Constituyente de la República Mayor de Centro América en 1898 y la Constituyente Federal (Tegucigalpa, 1921), miembro de la comisión de arbitraje en la problemática fronteriza con Guatemala celebrada en Washington en 1930 (Argueta, 1990). Antonio Ramón se casó con Avelina Castro Vanegas fueron los padres de Antonio Ramón Reina Castro, presidente del Partido Liberal durante el mandato de Tiburcio Carías Andino. Reina Castro se casó con Marina Idiáquez Ordóñez. Ellos fueron los padres de los hermanos Reina Idiáquez: Mario, Carlos Roberto, Jorge Arturo, Antonio Ramón y Marina.

Carlos Roberto nació el 13 de marzo de 1926 y falleció el 19 de agosto del 2003. Abogado, Doctor en Derecho Internacional, diplomático, escritor, político y presidente constitucional de Honduras del 27 de enero de 1994 al 27 de enero de 1998. Todos fueron nietos de Antonio Ramón Reina Bustillo. Carlos Roberto se casó con Elizabeth "Bessy" Watson Reina y tuvieron a Karla Marina, Roberto Antonio, Dolores y Florencia Reina Watson (Acosta, O., 1997).

Dentro de la 6ª generación de esta misma familia encontramos a Alberto [Reyes] Rodríguez o Alberto Rodríguez, hijo de José Antonio Reyes Castillo y Ofelia Ramírez. Alberto era medio hermano de Dalila, Esperanza y Betulia Reyes Ramírez (la madre del General Walter López Reyes). Y sobrino del General y hacendado Roque Jacinto Rodríguez Herrera (Amapala 1898-Comayagüela 1981) el director de la Academia Militar de Honduras y miembro de la Junta Militar de Gobierno (1956-57) que en octubre de 1956 derrocó el gobierno de Julio Lozano Díaz. El General Rodríguez fue el esposo de Dalila Reyes Ramírez, con quien procreó cuatro hijos.

El General de Brigada y Comandante en Jefe de las Fuerzas Armadas, Walter López Reyes (Tegucigalpa 15 noviembre 1940), pertenece a la 7ª generación de esta familia. Participó activamente en el conflicto armado de 1969 contra El Salvador, luego de una exitosa carrera militar renunció en 1986 para dedicarse a la vida civil participando activamente en la política nacional. Acompañó a Carlos Roberto Reina como Designado Presidencial en 1993. Fueron sus padres el Cónsul General de Honduras en San Francisco, California (1957) Francisco López Barahona y Betulia Reyes Ramírez, hija de José Antonio Reyes Castillo y Ofelia Ramírez (López, 2009).

También el gran poeta, periodista, político, historiador y embajador Rafael Heliodoro Valle (Comayagüela 3 julio 1891-México 29 julio 1959) forma parte de esta larga parentela. Su abuelo materno fue Olegario Varela (Tesorero Municipal y cinco veces alcalde de Yoro) sobrino del padre Reyes, hijo de su hermano Gabriel. El padre de Rafael era carpintero de profesión y desempeño el cargo de Síndico Municipal de la Municipalidad de Comayagüela; su madre se dedicaba al comercio. Durante su juventud trabajo en el despacho del abogado Crescencio Gómez, y como administrador del Diario La Prensa, dirigido por Paulino Valladares. Cofundador del Ateneo de Honduras; Subsecretario de Estado en el Despacho de Educación Pública; Cónsul de Honduras en Mobile, Alabama y Belice; también fue miembro de la misión sobre límites territoriales Guatemala-Honduras en Washington entre 1919 y 1920. Se casó con Laura Álvarez en 1938; al enviudar contrajo matrimonio con la peruana Emilia Romero en abril de 1941 (Acosta, 1981).

De la relación marital entre Francisca Rosa Fortín (perteneciente a la 7ª generación de Manuel Reyes y María Manuela Vallecillos, bisabuelos del padre José Trinidad Reyes) con José Ángel Zúniga Huete (San Antonio de Oriente, 4 de junio de 1885-México 1953), nació María Marta Zúniga Rosa. El Abogado, político y escritor José Ángel "Changel" era hijo de José Manuel Zúniga Medal (1859-1917) y Hortensia Huete Rubio (1861-1936). "Chángel", alias el *León del Liberalismo*, tuvo una carrera política muy intensa dentro del Partido Liberal desde 1902 cuando ingresó a las filas de la Juventud Liberal para apoyar la candidatura presidencial de Juan Ángel Arias Boquín (Comayagua 7 agosto de 1859- Quiriguá, Guatemala 1927).

Este ganó las elecciones, pero su opositor, el General Manuel Bonilla Chirinos se levantó en armas y al siguiente año, "Chángel" salió exiliado rumbo a Guatemala regresando en 1904, cuando ya estaba instalado el gobierno del General Bonilla Chirinos (1903-1907). Durante el gobierno de Francisco Bertrán Barahona entre 1913 y 1919 publicó en el diario El Cronista el artículo "Somos Ciudadanos o Somos Esclavos" criticando fuertemente al gobierno por lo que nuevamente se vio obligado a salir del país rumbo a Costa Rica. De nuevo en 1920 decide apoyar a Rafael Salvador López Gutiérrez (1854-1924) quien al obtener la presidencia lo nombra Ministro de Gobernación y Comandante de Armas de Tegucigalpa.

GRAFICO No. 15

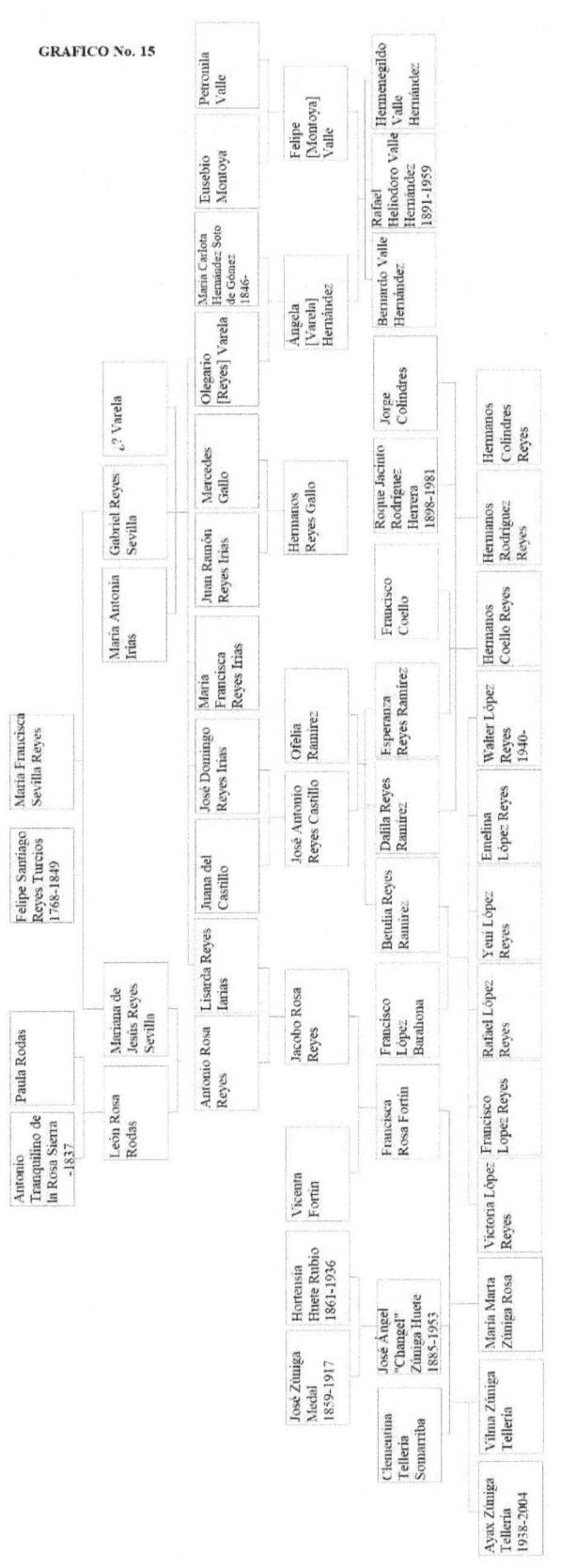

El régimen de López Gutiérrez cae en 1924 debido a su intensión de perpetuarse en el poder; José Ángel tiene que salir nuevamente del país y en esta ocasión se dirige a El Salvador. Cuando en 1929 asume la presidencia Vicente Mejía Colindres nombra a Zúniga Huete ministro Plenipotenciario en Nicaragua; allí conoce a Clementina Tellería Somarriba de cuya unión nacieron Vilma y José Áyax Zúniga Tellería (1938-2004). José Áyax fue oficial Mayor de la Secretaría de Estado en el Despacho de Educación Pública hasta el 7 de octubre de 1963 cuando interpuso su renuncia (La Gaceta #18184,1964: 4); fungió como diplomático en los gobiernos liberales de la década de 1950 y 1960 y algunos años posteriores; representó al gobierno de Honduras ante el Organismo para la Proscripción de Armas Nucleares en América Latina y El Caribe, celebrado en México el 13 de diciembre de 1994.

Fue condecorado por el gobierno azteca con la Orden Mexicana del Águila Azteca en 1999. Reconocimiento que hace este gobierno para premiar la conducta, méritos ejemplares, actos y obras valiosas y relevantes realizados por extranjeros en beneficio de la humanidad y del país en especial (Diario Oficial, 17 feb 1999, en www.dof.gob.mx). Para el año 2000 era Embajador Extraordinario y Plenipotenciario ante el gobierno de Jamaica.

Su padre, José Ángel busca nuevamente la presidencia en 1932 frente al General y Doctor Tiburcio Carías y en 1948 frente al Abogado Juan Manuel Gálvez (10 de junio 1887-20 agosto 1972). Pero tras el fracaso de una revuelta popular se refugió en la embajada de Cuba, trasladándose posteriormente hacia México donde falleció en 1953. Fueron hermanos de José Ángel: Manuel Guillermo (1880-1959), Hortensia (1887-), Juan Manuel (1890-), Adela (1890), Ana Concepción (1893-), Virginia Concepción (1894-1895), María Prisca (1896-1988) y Ramiro Pastor (1900-1988) Zúniga Huete (ancestors.familysearch.org).

MANUEL REYES Y MARÍA MANUELA VALLECILLOS
Casados en 1790

1ª generación: hijos	
Pablo Reyes Vallecillos (-1782)	José Reyes Vallecillos

2ª generación: nietos	
Pablo Reyes Vallecillos casado con María Concepción Turcios (hija de Pedro Turcios y este de Rafael Turcios): * Ignacio Reyes Turcios * Pedro Reyes Turcios * Rita Quintería Reyes Turcios * José Reyes Turcios * Ramón Reyes Turcios * **Felipe Santiago Reyes Turcios** **(1768-1849)**	José Reyes Vallecillos casado con Mariana Paz Torres: * Pablo Reyes Paz * Cecilia Reyes Paz

3ª generación: bisnietos	
Felipe Santiago Reyes Turcios casado el 21 de agosto de 1796 con María Francisca Sevilla Reyes (hija de su prima Cecilia): * **Juan José de la Santísima Trinidad Reyes Sevilla** **(11 junio 1797-20 septiembre 1855)** * Mariana de Jesús Reyes Sevilla * Gabriel Reyes Sevilla * José Domingo Joaquín Reyes Sevilla * José Miguel Rafael Bárbara Reyes Sevilla * María Antonia Reyes Sevilla * María de la Luz Reyes Sevilla	Cecilia Reyes Paz casada el 6 de mayo de 1773 con Miguel María Sevilla Girón (-1810, hijo de Francisco Sevilla y Antonia Micaela Girón): * María Francisca Sevilla Reyes * Mariana Sevilla Reyes Rita Quintería madre de Carlos Reyes

4ª generación: tátara nietos	
Mariana de Jesús Reyes Sevilla casada con León Rosa Rodas (hijo de Antonio Tranquilino de la Rosa y Aguayo (-1837) y Paula Rodas): * Antonio Rosa Reyes * Escolástica Rosa Reyes * Concepción Rosa Reyes * Isidora Rosa Reyes	**Gabriel Reyes Sevilla** casado con María Antonia Irías: * María Francisca Reyes Irías * Juan Ramón Reyes Irías * Lisarda Reyes Irías * José Domingo Reyes Irías Otro hijo de Gabriel fue: * **Olegario [Reyes] Varela**

José Domingo Reyes Sevilla casado con Tomasa del Palacio:	María Antonia Reyes Sevilla casada con Rafael J. Rivera:
* María Francisca Reyes Palacios (24 sept 1835-1906)	* **Dolores Rivera Reyes**
* Raquel Reyes Palacios	* Rafael Rivera Reyes
* Ester Reyes Palacios	Carlos Reyes casado con Francisca Cano:
* Cleotilde Reyes Palacios	* Guadalupe Reyes Cano
Mariana Sevilla Reyes casada con Juan José Sevilla:	
* María Isidra Sevilla Sevilla	

5ª generación: tátara-tátara nietos

Lisarda Reyes Irías casada con Antonio Rosa Reyes (primos hermanos):	Guadalupe Reyes Cano casado con Gervasia Gómez:
* Mariana Rosa Reyes	* Ramón Reyes Gómez
* León Rosa Reyes	Escolástica Rosa Reyes casada con Nicolás Mendieta:
* **Jacobo Rosa Reyes**	* Carlota Mendieta Rosa
Concepción Rosa Reyes casada con Carlos Membreño:	* Carlos Mendieta Rosa
* Enrique Membreño Rosa	* Concepción Mendieta Rosa
Isidora Rosa Reyes viuda de José Antonio Guerrero:	* Rosa Mendieta Rosa (de Alvarado)
* **Rosa Guerrero Rosa**	* Sara Mendieta Rosa
De la unión de Isidora Rosa Reyes con Juan José Soto Fiallos nació:	* Ester Mendieta Rosa (de Mejía)
* **Ramón [Soto] Rosa** (14 abril 1848-28 mayo 1893)	* Manuel Mendieta Rosa
Olegario [Reyes] Varela y María Carlota Hernández Soto de Gómez fueron los padres de:	* Francisca Mendieta Rosa (de Ariza)
* **Ángela [Varela] Hernández**	Juan Ramón Reyes Irías casado con Mercedes Gallo:
José Domingo Reyes Irías casado con Juana del Castillo:	* Mercedes Reyes Gallo (de Tailor)
* María de la Luz Reyes Castillo	* Felipe Reyes Gallo
* Cleotilde Reyes Castillo	Fue hijo de Dolores Rivera Reyes con Ramón Zelaya Vijil:
* Dolores Reyes Castillo	* Enrique Zelaya Rivera (15 julio 1867-3 diciembre 1926)
* Domingo Reyes Castillo	Y con **José María Reina Bustillo**:
* José Cristóbal Reyes Castillo	* **Camilo Reina Rivera** (Camilo R. Reina)
* José Antonio Reyes Castillo	* **Horacio Reina Rivera** (Horario R. Reina)
	* María Antonia Reina Rivera
	María isidra Sevilla Sevilla casada con Blas Escobar:

* Melchor Reyes Castillo * Gabriel Reyes Castillo	* Francisco Escobar Sevilla * Samuel Escobar Sevilla * Blas Escobar Sevilla
6ª generación: tátara-tátara-tátara nietos	
Rosa Guerrero Rosa casada el 10 enero 1863 con **Rafael Ciriaco Alvarado Manzano** (8 agosto 1836-26 febrero 1923) hijo de Lorenzo Alvarado y María Estanislao Manzano: * Francisca (Panchita) Alvarado Guerrero * Rafael Alvarado Guerrero * José Antonio Alvarado Guerrero * Victoria Alvarado Guerrero * Federico Alvarado Guerrero * Rosa Alvarado Guerrero * Julia Alvarado Guerrero Mariana Rosa Reyes casada con José María González: * Lisarda González Rosa * Antonia González Rosa * Antonio González Rosa * Luís González Rosa * José María González Rosa * Joaquín González Rosa * Francisco González Rosa (casado con Rödnaud Kulman) * Manuela González Rosa Jacobo Rosa Reyes casado con Vicenta Fortín: * **Ángela Rosa Fortín** * Mariana Rosa Fortín * Dolores Margarita Rosa Fortín * Margarita Rosa Fortín * Francisca Rosa Fortín Fueron hijos de Gabriel Reyes Castillo:	José Cristóbal Reyes Castillo casado con Dolores Durón: * Concepción (Concha) Reyes Durón * Elena Reyes Durón * Mariana Reyes Durón * Juana Reyes Durón * José Raúl Reyes Durón José Antonio Reyes Castillo casado con Ofelia Ramírez: * Esperanza Reyes Ramírez * Dalila Reyes Ramírez * Betulia Reyes Ramírez Otros hijos de José Antonio fueron: * Alberto [Reyes] Rodríguez * Adriana [Reyes] Flores * José María [Reyes] Flores * Fausto [Reyes] Flores * Danilo [Reyes] Flores * Antonio [Reyes] Flores * Jorge [Reyes] Flores * Argentina [Reyes] Flores Ángela [Varela] Hernández casada con Felipe Valle: * Bernardo Valle Hernández * Hermenegildo Valle Hernández * **Rafael Heliodoro Valle Hernández** (3 julio 1891-29 julio 1959) **Ramón [Soto] Rosa** casado en 1876 con Gertrudis Matute:

* Berta Reyes Flores

* Raúl Reyes Flores

* María Luisa Reyes Flores

* Ana Josefa Reyes Flores

* Olga Margarita Reyes Flores

* Carlos Alberto Reyes Flores

Enrique Zelaya Rivera casado con Victoria Lara. Fueron también hijos de Enrique:

* Santiago Zelaya Pagoada

* Manuel de Jesús Zelaya Pagoada

* Julio César Zelaya Pagoada

Horacio Reina Rivera (Horacio R. Reina (1884-1964) casado con María Mercedes Fajardo:

* Luisa Reina Fajardo

* Armando Reina Fajardo

* Horacio Reina Fajardo

 También fueron hijos de Horacio:

* Teodora Reina

* Betulia Reina

* Francisca Cristina Rosa Matute

* Ramón Rosa Matute

* Adriana Evangelina Rosa Matute

* Blanca Gertrudis Rosa Matute

* María Isidora Rosa Matute

Camilo Reina Rivera (Camilo R. Reina) casado con Adelina Valerio:

* Zoila Reina Valerio

* Dolores (Lolita) Reina Valerio

* Marina Reina Valerio

* Raquel Reina Valerio

* Camilo Reina Valerio

* Humberto Reina Valerio

* Gilberto Reina Valerio

Camilo casado en segundas nupcias con Eva Rodríguez:

* Aracely Reina Rodríguez

* Manfredo Reina Rodríguez

Otra hija de Camilo:

* Olivia Reina Medina casada con Carlos Carías

7ª generación: tátara-tátara-tátara-tátara nietos

Francisca Cristina Rosa Matute viuda de Boppel:

* Elsa Boppel Rosa

* Olga Margarita Boppel Rosa

* Blanca Boppel Rosa

* Enrique Boppel Rosa

* Eva Carlota Boppel Rosa

Adriana Evangelina Rosa Matute viuda de Valenzuela:

* María Teresa Valenzuela Rosa

* Haydee Valenzuela Rosa

* Oscar Valenzuela Rosa

* Adriana Valenzuela Rosa

Fueron hijos de Blanca Gertrudis Rosa Matute:

* Manuel Rosa

* Estela Rosa

* Guillermo Rosa

* Carmen Rosa

* Coralia Rosa

* Juan José Rosa

Fueron hijos de María Isidora Rosa Matute:

* Roberto Rosa

* Marina Rosa

* Lily Rosa

Antonia González Rosa casada con Rafael Medina Raudales:

* Rafael Medina González (casado con Argentina Romero)

* Mariana Medina González

* José María Medina González

* Enrique Medina González

* Luís Medina González

* Mercedes Medina González (casada con Enrique Bulgarelli)

Antonio González Rosa casado con Genoveva Solórzano:

* Guillermo González Solórzano

* Virgilio González Solórzano

* Mariana González Solórzano

* Rosa González Solórzano

Fueron hijos de Joaquín González Rosa:

* Hernán González

* César González

* Augusto González

* Joaquín González

* María Elena González

* Francisco González

* Humberto González

Rafael Alvarado Guerrero casado con Rosa Mendieta:

* Elvira Alvarado Mendieta

* Emilia Alvarado Mendieta

* Ramón Alvarado Mendieta

* María Luisa Alvarado Mendieta

* Josefina Alvarado Mendieta

* Alejandra Alvarado Mendieta

Fue hijo de Federico Alvarado Guerrero:

* Yolanda Rosa

* Max Rosa

Hermenegildo Valle Hernández casado con Teresa González

* Zoila Valle González casada con Horacio Saucedo Echeverría

* Felipe Valle González

Rafael Heliodoro Valle Hernández casado en dos ocasiones:

1938 con Laura Álvarez y en

1941 con Emilia Romero

Fueron hijos de Manuela González Rosa

* Rosa María González

* Ramón González

Ángela Rosa Fortín casada con Tomás Quiñonez:

* Lydia Stella Quiñonez Rosa

* Raúl Quiñonez Rosa

* Tomás Quiñonez Rosa

Francisca Rosa Fortín con **José Ángel Zúniga Huete** (1885-1953):

* María Marta Zúniga Rosa

José Antonio Alvarado Guerrero casado con Josefa Galindo:

* Carmen Alvarado Galindo

* Rafael Alvarado Galindo

* Antonio Alvarado Galindo

Victoria Alvarado Guerrero casada con José María Villafranca:

* Virgilio Villafranca Alvarado

* Rafael Villafranca Alvarado

* Terencio Rosario Villafranca Alvarado

* Ana Villafranca Alvarado

* José María Villafranca Alvarado

* Antonio Alvarado

Fue hijo de Concepción (Concha) Reyes Durón:

* Alfredo Hoffman Reyes

Elena Reyes Durón casada con Leonardo Dean:

* Dolores Dean Reyes

* José Dean Reyes

* Leonardo Dean Reyes

* Ana María Dean Reyes

Fueron hijos de Alberto Reyes Rodríguez:

* René Rodríguez

* María Teresa Rodríguez

Esperanza Reyes Ramírez casada con Francisco Coello:

* Emelina Coello Reyes

* Francisco Coello Reyes

* Marta Coello Reyes

* Regina Coello Reyes

* Ofelia Coello Reyes

* Claudio Coello Reyes

* Mario Coello Reyes

* Georgina Coello Reyes

* Antonio Coello Reyes

Dalila Reyes Ramírez casada primero con Jorge Colindres:

* Gloria Colindres Reyes

* Jorge Colindres Reyes

Casada nuevamente con **Roque J. Rodríguez** (1898-1981):

* David Rodríguez Reyes

* Paulino Rodríguez Reyes

* Noveya Rodríguez Reyes

* Catalina Rodríguez Reyes

Ana Josefa Reyes casada con Santos Juárez Fiallos:

* Lidia Villafranca Alvarado

Juana Reyes Durón casada con Edmund Moon:

* Ana María Moon Reyes

* Irene Moon Reyes

Casada nuevamente con Henry Cushman:

* Rey Cushman Reyes

José María Reyes Flores casado con Hilda Tijerino Santamaría:

* José María Reyes Tijerino

* Roberto Reyes Tijerino

* Sergio Ramón Reyes Tijerino

Betulia Reyes Ramírez casada con Francisco López Barahona:

* Francisco López Reyes

* Yeni López Reyes

* **Walter López Reyes** (1940-)

* Emelina López Reyes

* Rafael López Reyes

* Victoria López Reyes

Antonio Reyes Flores casado con Trinidad González:

* Camila Reyes González

Fueron hijos de Raúl Reyes:

* Rosario Reyes

* Oscar Raúl Reyes

* Gustavo Adolfo Reyes

María Luisa Reyes casada con Elías Samra:

* José Antonio Samra Reyes

* Nelson Armando Samra Reyes

* Lilian Samra Reyes

* Norma Licette Samra Reyes

* Leida Ester Samra Reyes

Olga Margarita Reyes casada con Rubén Villanueva Doblado:

* Ivonne Annabel Juárez Reyes

* Joselina Guadalupe Juárez Reyes

* Lourdes Juárez Reyes

* Ivette Juárez Reyes

* Marco Aurelio Juárez Reyes

Luisa Reina Fajardo casada con David Merced:

* David Merced Reina

* Denice Merced Reina

Zoila Reina Valerio casada con Ernesto Alvarado García:

* Magda Elisa Alvarado Reina

* Evelina Alvarado Reina

* Margarita Isabel Alvarado Reina

* Gonzalo Camilo Alvarado Reina

* Zoila Victoria Alvarado Reina

* Ernesto Alvarado Reina

* América Guadalupe Alvarado Reina

* Carmen Alvarado Reina

Manuel de Jesús Zelaya Pagoada casado con Petrona Valdés Morazán:

* Julio César Zelaya Valdés

* Manuela Guadalupe Zelaya Valdés (de Mairena)

* Enrique Alejandro Zelaya Valdés

* Piedad Isabel Zelaya Valdés (de Osorio)

* Armando Humberto Zelaya Valdés

* Arturo Ramón Zelaya Valdés

* Hernán Alberto Zelaya Valdés

En segundas nupcias se casó con Alba Turcios Torres

* Rubén Villanueva Reyes

* Sara Margarita Villanueva Reyes

* Oscar Gabriel Villanueva Reyes

Carlos Alberto Reyes Flores casado con Hortensia Cáceres Rodríguez:

* Guadalupe Reyes Cáceres

Raquel Reina Valerio casada con Isidro Castillo Orellana:

* Aurelio Castillo Reina

* María del Carmen Castillo Reina

* Guillermo Castillo Reina

* Isidoro Castillo Reina

Mariana Reina Valerio casada con Marco Antonio Ramírez:

* Edmundo Ramírez Reina

* Arturo Ramírez Reina

* Virgilio Ramírez Reina

Adriana Reyes Flores casada con Ernesto Zelaya:

* Ernesto Zelaya Reyes

Fueron hijos de Julio César Zelaya Pagoada:

* Marina Enriqueta Zelaya

* Víctor Manuel Zelaya

* César Efraín Zelaya

* Zoila Guadalupe Zelaya

* Rolando Zelaya

* Agustín Zelaya

* Julio César Zelaya

Fuente: documentos consultados, adaptación propia.

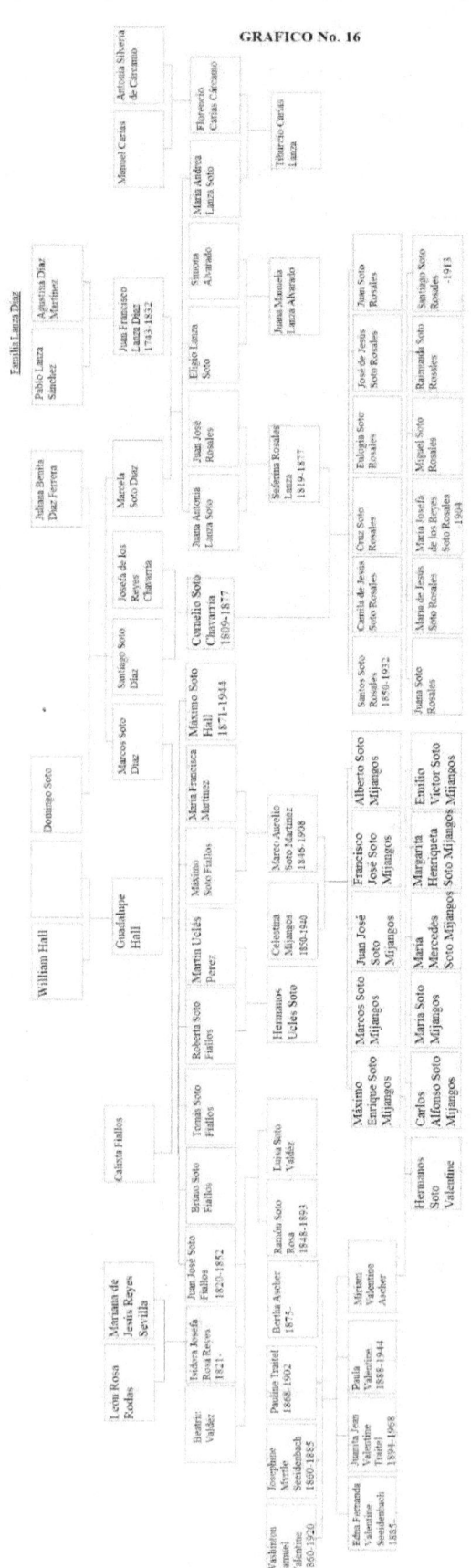

GRAFICO No. 16

Otra familia de alcurnia relacionada y de gran influencia inicia con Domingo Soto y Juliana Benita Díaz Ferrera. De ellos se desprende una extensa red de parentescos. Uno de sus bisnietos fue Marco Aurelio Soto Martínez (Tegucigalpa 13 noviembre de 1846-Paris 25 de febrero 1908), su padre Máximo Soto Fiallos era hijo de Marcos Soto Díaz y Calixta Fiallos. Marco Aurelio se desempeñó en Guatemala como Síndico Municipal, Secretario de Gobernación, Justicia y Negocios Eclesiásticos, Instrucción Pública y Relaciones Exteriores; también estuvo al frente del Poder Ejecutivo en Consejo de Ministros. Fue copropietario de la mina El Rosario en San Juancito. Con el apoyo brindado por Justo Rufino Barrios en 1876 asumió la presidencia de Honduras hasta 1883, él y su primo hermano Ramón [Soto] Rosa reformaron la estructura legal, política y económica requerida para la modernización del Estado en el marco de la Reforma Liberal en Honduras (Durón, 1944).

Marco Aurelio se casó en Guatemala con Celestina Mijangos (Guatemala 1850-Paris 1940): está enterrado en el cementerio Passy de aquella ciudad. Su hija María se casó con Ricardo Viñés y sus hijos Elisa y Hernando Viñés Soto formaron parte de un selecto grupo de artistas, músicos y pintores europeos. También, su hijo Máximo se casó con Miriam Valentine Ascher, una de las hijas de Washington S. Valentine, principal accionista de la *New York and Honduras Rosario Mining Cº*. y socio fundador del

Banco de Honduras (Pinto, 2019). Vemos pues como se han unido nuevamente el capital originario minero con las relaciones político-sociales de Tegucigalpa.

El padre de Marco Aurelio y tío de Ramón Rosa fue el doctor en Jurisprudencia, ministro, Diputado, fundador y Rector de la Universidad de Honduras, catedrático de la Universidad de Guatemala: Máximo Soto Fiallos (Tegucigalpa 1826-Guatemala 1870). El medio hermano de Máximo Soto Fiallos fue el Abogado, político, literato y novelista Máximo Soto Hall (Guatemala 5 julio 1871-Argentina 31 diciembre 1944). Este fungió como cónsul y secretario de la Legación en Madrid, Ministro Plenipotenciario en Costa Rica, El Salvador, Honduras, Panamá y Venezuela, fundó El Diario de Costa Rica (1885), fue redactor de la revista Pinceladas (1898) y director de la Biblioteca Nacional de Costa Rica (1899-1902). Su madre Guadalupe Hall Lara era hija del encargado de Negocios de Inglaterra en Guatemala, William Hall. Él y su suegro fueron socios de la casa comercial *Hall, Meany & Bennet*, Cº. Máximo estuvo casado con la norteamericana Amy Niles.

Otros primos hermanos de Ramón, Marco Aurelio y los hermanos Soto-Rosales fueron los hermanos Uclés Soto, hijos de Martín Uclés Pérez y Roberta Soto Fiallos. De ellos, Ana de la Trinidad Uclés Soto (Tegucigalpa 1856-Hamburgo 1912), estuvo casada con el minero y General Ricardo Streber Mertens (1845-1924), fueron los padres del General Streber, Fernando Streber y Luisa Mertens originarios de Alemania. El médico y poeta Martín Roberto Uclés Soto (1861-1893) casado con Olaya Banegas (1864-). Carlos Alberto Uclés Soto (Tegucigalpa 1854-15 febrero 1942), Abogado y Doctor en Jurisprudencia, escritor, político y diplomático; diputado por Yoro (1880), cuatro veces presidente del Congreso Nacional, Magistrado y presidente de la Corte Suprema de Justicia, Magistrado de la Corte Suprema de Justicia Centroamericana, Ministro de Relaciones Exteriores, rector de la Universidad de Honduras (1907-1908 / 1915-1917). Estuvo casado con Rosalía Salgado Lozano.
Su hermano Guillermo Federico Uclés Soto (1859-) también fue Abogado, presidente del Congreso Nacional (1909), diputado por Tegucigalpa, Magistrado de la Corte Suprema de Justicia (1920-1923).

GRAFICO No.17

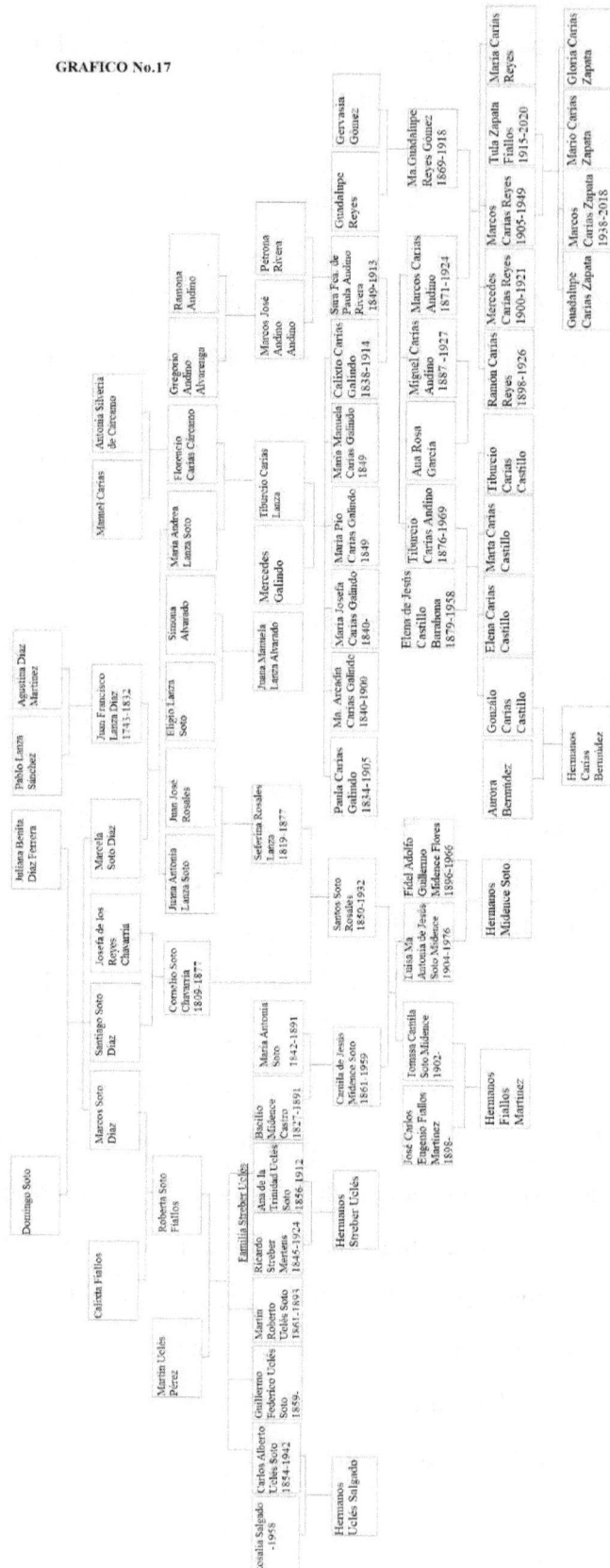

Seferina Rosales Lanza era hija del Alcalde de Santa Lucia, Juan José Rosales y Juana Antonia Lanza Soto (hija de Juan Francisco Lanza y Marcela Soto Díaz). Se casó el 3 de febrero de 1833 en Santa Lucía con el sobrino de su abuela y primo hermano de su madre, Cornelio Soto Chavarría, ellos procrearon entre otros a Santos Soto Rosales

El matrimonio entre Camila de Jesús Midence Soto (Tegucigalpa 23 julio 1861-Tegucigalpa 30 septiembre 1959) y Santos Soto Rosales se realizó el 10 abril de 1901; sus hijas Tomasa Camila y Luisa María Antonia de Jesús, originaron las familias Midence Soto y Fiallos Soto (Zepeda ob. cit.). Luisa María Antonia de Jesús (Tegucigalpa 11 octubre 1904-1976) se casó con Fidel Adolfo Guillermo Midence Flores (Guatemala 23 marzo 1896-Miami, EUA 28 noviembre 1966), radicado en Estados Unidos. El matrimonio se celebró en Paris el 7 de marzo de 1926.

Fidel Adolfo era hijo de Ramón Midence Valle (Tegucigalpa 26 abril 1848-Guatemala 28 abril 1903) e Isabel Flores Corredor.

66

GRAFICO No. 18

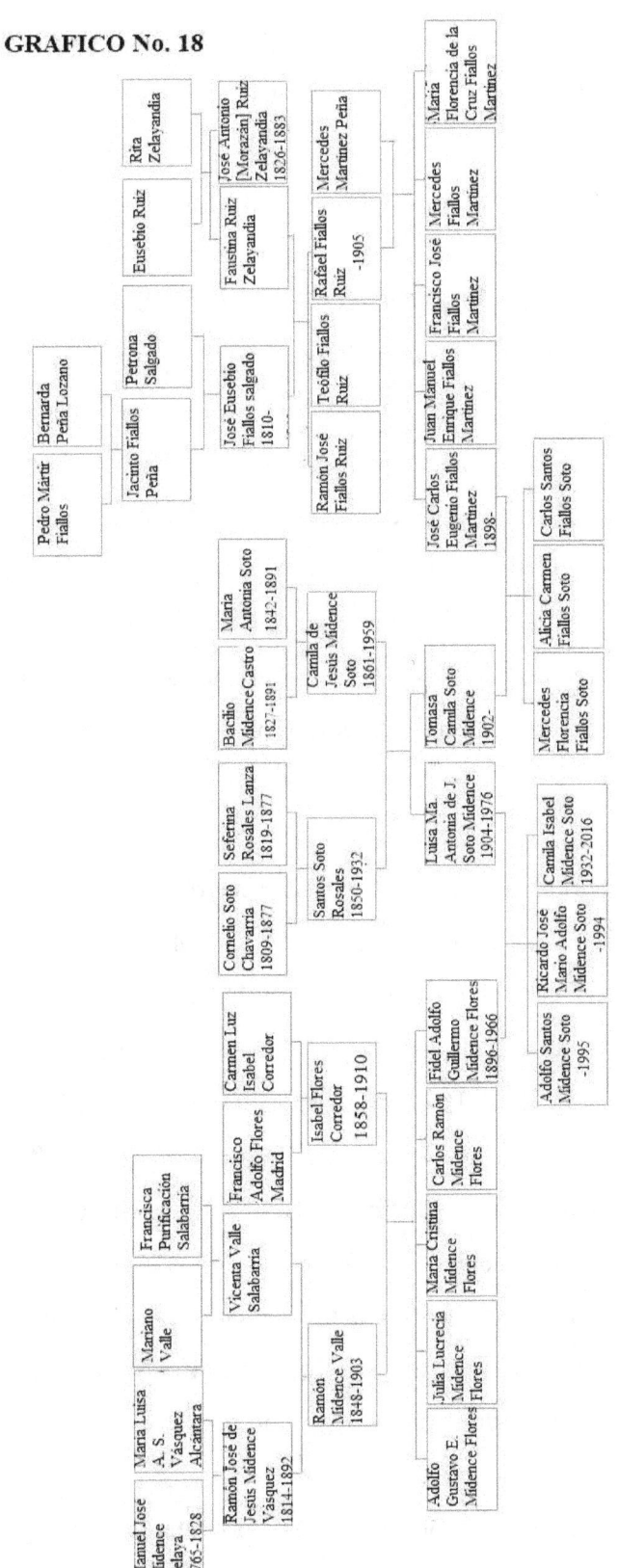

Por su parte Tomasa Camila (Tegucigalpa 7 marzo 1902-) contrajo nupcias con José Carlos Eugenio Fiallos Martínez, y aquí es donde se relacionan con la familia Morazán Quezada, ya que Faustina era medio hermana de Francisco [Morazán] Ruíz Zelayandía, hijo de José Francisco Morazán Quezada y Rita Zelayandía.

Continuando con la descendencia de esta familia, la hermana de Fidel Adolfo, Julia Lucrecia Midence Flores (18 octubre 1888-1955) contrajo matrimonio con Louis Julius Joest Thabussot (Francia 21 septiembre 1882-San Francisco, California 5 mayo 1947) de origen franco alemán. Llegó a Honduras en 1905, trabajo en el Banco de Honduras, fue miembro de la Sociedad de Geografía e Historia, miembro fundador de la Sociedad de Antropología y Arqueología de Honduras (1948) y delegado del primer Congreso Internacional de Arqueología del Caribe celebrado en Tegucigalpa.

Una de sus hijas, María Cristina Luisa Joest Midence (1915-2000), se casó con Osmond Levy Maduro Cardoze, hijo de Osmond Levy Maduro (Islas

GRAFICO No, 19

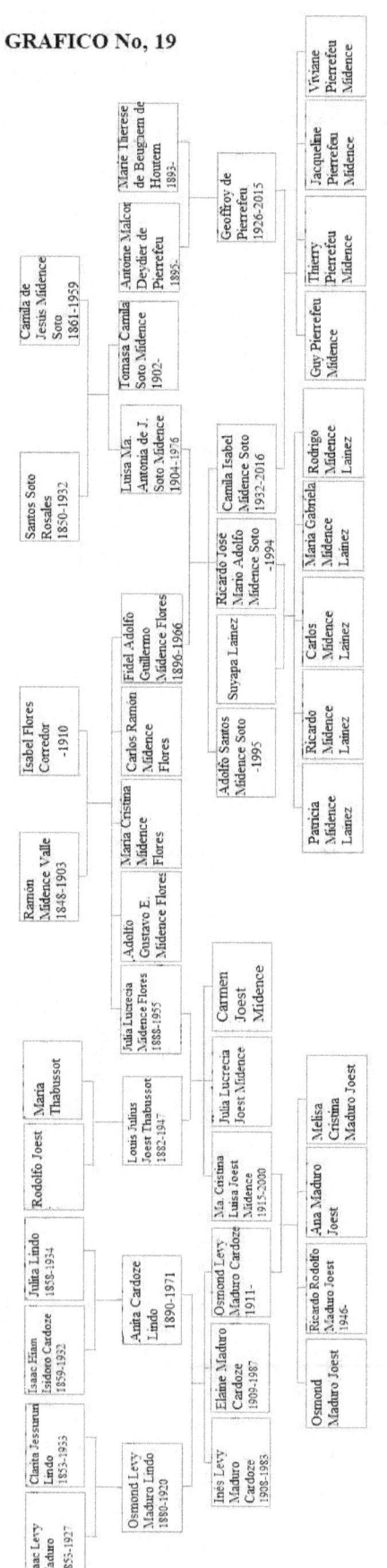

Vírgenes 1880-Panamá 1920) y Anita Cardoze (Panamá 3 marzo 1890- 26 octubre 1971) (blankgenealogy.com>familygroup). Ellos fueron los padres del empresario, político y expresidente de Honduras, Ricardo Rodolfo Maduro Joest (2002-2006).

Ricardo Rodolfo nació en Panamá el 20 de abril de 1946, estudio en Pensilvania y en la Universidad de Stanford, Estados Unidos. Obtuvo la Licenciatura en Economía y un post grado en Ingeniería Industrial, empresario y político. Incursiona en la política hondureña a partir de 1984 como miembro fundador del Movimiento Unidad y Cambio (1984), corriente dentro del Partido Nacional que buscaba renovar las bases de la derecha reaccionaria del organismo político.

Camila Isabel (Tegucigalpa 28 enero 1932-25 mayo 2016), hija de Fidel Adolfo y Luisa María, formó familia con el empresario francés Geoffroy Malcor Deydier de Pierrefeu (Bélgica 6 octubre 1926- Miami, EUA 15 enero 2015), hijo de Antoine Marie Joseph Malcor Deydier de Pierrefeu (1895-1988) y Marie Therese de Beughem de Houtem (1893-) (gw.geneanet.org). Los Pierrefeu-Midence poseen una amplia red de negocios e inversiones a nivel nacional e internacional y han ocupado importantes cargos dentro de la administración pública.

Regresando a los hermanos Soto Díaz, (Santiago, Marcos y Marcela) hijos de Domingo Soto y Juliana

Benita Díaz Ferrera. Marcela Soto Díaz al casarse con Juan Francisco Lanza procrearon tres hijos: Juana Antonia, María Andrea y Eligio Lanza Soto. Eligio contrajo matrimonio con Simona Alvarado, naciendo Juana Manuela Lanza Alvarado que en unión matrimonial con Juan Manuel Fiallos Salgado fueron los padres del Bachiller en Filosofía y reconocido poeta Monseñor Federico Ernesto Fiallos Lanza "el lirio de Honduras" (Tegucigalpa 1857-Comayagüela 1946).

El mismo Juan Manuel Fiallos Salgado y Ana Moreno fueron los padres de Enrique Constantino Fiallos Moreno (Antigua Guatemala 2 junio 1861-Tegucigalpa 23 abril 1910) Ingeniero Civil, agregado consular de Honduras en Washington, diputado centroamericano, secretario de Estado en el Despacho de Fomento (1894-1899), miembro de la comisión limítrofe con Nicaragua, ministro de Relaciones Exteriores (1899-1903), ministro de Instrucción Pública (1907-1909), miembro de la Academia Científico-Literaria de Honduras y autor del libro *A Sketch of Central America,* New York 1890.

Por otro lado, María Andrea Lanza Soto, la otra hija de Marcela Soto Díaz y Juan Francisco Lanza, se casó con Florencio Carías, fueron los bisabuelos de los hermanos Carías Andino. Calixto Carias fue un militar, político local, comerciante, agricultor, ganadero y negociante de cueros. Se casó con la maestra Sara Francisca de Paula Andino Rivera (1849-1913). Tiburcio Carías Andino (15 marzo 1876 - 23 diciembre 1969), fue bautizado por el cura Yanuario Girón. Licenciado en Jurisprudencia por la Universidad Central de Honduras (1898), Magistrado de la Corte Suprema de Justicia (1900), director de la Escuela de Varones, y profesor del instituto El Porvenir (1901), catedrático de Derecho Penal en la Universidad Central de Honduras, también formó parte del proyecto del Hospital de Occidente (1905). Siendo muy joven Tiburcio entró en la *lucha política de las revueltas* militantes siguiendo los pasos de su padre, un líder local, por lo que en varias ocasiones se vieron obligados a salir del país (Dodd, 2008: 37).

Durante la administración presidencial de Miguel Rafael Dávila Cuéllar (1856-1927) entre 1907 y 1911 ocupó varios cargos públicos, especialmente como comandante militar o jefe político permitiéndole estar en contacto con los líderes locales. Ascendió al grado de General en 1907 y fue Gobernador Político de Copán (1907-1908), presidente de la Sociedad de Artesanos El Porvenir (1908). Además, fue candidato presidencial por el Partido Nacional[16], miembro activo y dirigente de las fuerzas revolucionarias que hicieron frente al General López Gutiérrez y su aspiración de perpetuarse en el poder en 1924. Tiburcio contrajo matrimonio[17] con Elena de Jesús Castillo Barahona (1879-15 mayo 1958). Fue diputado y presidente del Congreso Nacional y presidente de la República entre 1933 y 1948 (AAN, 1970: 66).

Su hermano José Marcos, seguidor de Policarpo Bonilla Vásquez, también fue catedrático en la Universidad Central, Juez y Magistrado de la Corte Suprema de Justicia, Diputado (1904), Gobernador Político de Tegucigalpa y Ministro de Fomento y Gobernación. Casado el 1 de enero de 1897 con María Guadalupe Reyes Gómez (Tegucigalpa 28 febrero 1869-2 marzo 1918), hija de Guadalupe Reyes y Gervasia Gómez. Del matrimonio Carías Reyes nacieron Ramón, Mercedes, María y Marcos Carías Reyes (Cid, 1944).

Marcos Carías Reyes (1905-1949) está considerado como el máximo representante de la novela criolla en la literatura del siglo XX en Honduras (hondurea.wordpress.com marcos-carias-reyes). Fue director y escritor del periódico *El Demócrata* y *Vanguardia*, secretario de la delegación de Honduras en Guatemala (1925), presidente de la Federación de Estudiantes de Honduras (1929), secretario de la misión especial de Honduras en Nicaragua (1933). Ministro de Educación en el gobierno de Juan Manuel Gálvez (1949) y secretario privado de su tío, el presidente Tiburcio Carías Andino, también representó al gobierno hondureño en Paris. Carías Reyes fue narrador, ensayista, periodista y diplomático.

De su autoría son: La Heredad (1934), Trópicos (1948), Germinal (1936), Prosas Fugases (1938), Cuentos de lobos (1941), Consideraciones sobre aspectos históricos y sociales de

---

[16] El origen de esta organización política se remonta al 27 de febrero de 1902 con el General Manuel Bonilla Chirinos, cuando se fusiona con el Partido Progresista de Ponciano Leiva. En 1913 fue reorganizado por Alberto Membreño Vásquez y en 1919 se le llamó Partido Nacional Democrático. Es a partir de 1921 que se le conoce como Partido Nacional de Honduras liderado por Tiburcio Carías Andino. Durante su mandato presidencial se fundó la Escuela Militar de Aviación (1933) y la Escuela Básica de Armas (1946). Las compañías bananeras recibieron un fuerte apoyo pues Carías mantuvo una política dura contra las manifestaciones de los obreros de dichas empresas (Euraque, 2001).

[17] Registro Nacional de las Personas. Acta de matrimonios: libro copiador de matrimonios 0801-32 folio 242ss tomo XIII

Honduras. La Paz Nacional (1942), Artículos y discursos (1943), Juan Ramón Molina (1943), Hombres de pensamiento (1947) y muchos más. Casado con Tula Zapata Fiallos de cuyo matrimonio nacieron: Guadalupe, Marcos (15 noviembre 1938-22 diciembre 2018), Mario y Gloria Carías Zapata.

Miguel Ángel Gonzalo Nicolás Carías Andino (1887-1927) se casó con Ana Rosa García Valladares (1896-1974), él estudió medicina en México y se desempeñó como Encargado de Negocios ante el gobierno mexicano. Su hermano, el General Calixto Carias Andino (1897-1944), fue representante del gobierno hondureño ante la reunión de los jefes de estados mayores en 1940, invitados por el General Marshall (Durón y Gómez, 1937: 1-16). Otros hermanos Carías Andino fueron: José María Mercedes (1869-), Calixto de Jesús (1871-1892), José Ángel Gonzálo (1885-1885), Miguel Ángel (1885-1886), Petrona (1877-), Pedro Gonzálo de Jesús (1881-), Eduardo, María Luisa, María Sara Visitación de Jesús (1878-) y José (1885-1885) (ancestors.familysearch.org).

El abogado Tiburcio Carías Castillo (1906-), hijo de Tiburcio y Elena, estudió Derecho Internacional, Ciencias Políticas y Sociales en México y Estados Unidos. Entre 1965 y 1971 se desempeñó como Canciller de Honduras en Estados Unidos, Gran Bretaña y fue representante ante la Organización de Naciones Unidas y en otras delegaciones internacionales. José Gonzalo, su hermano se casó en México (1935) con Aurora Bermúdez, y Visitación Elena Carias Castillo se casó con Guillermo Emilio Ayes Rodríguez.

D. Los Morazán Quezada

Los Morazán Quezada comienzan con un comerciante nacido en la isla de Córcega, Italia quien embarco hacia América buscando fortuna, Juan Bautista Morazzani[18] (1735-1792). Tras recorrer varios lugares ejerciendo su actividad comercial se estableció en el pueblo minero de San José de Yuscarán, Honduras alrededor de 1760. Durante unos 30 años vivió en el lugar desempeñando cargos en la administración real acumulando cierto prestigio y capital, permitiéndole relacionarse con familias terratenientes-mineras criollas. Juan Bautista contrajo matrimonio en 3 ocasiones: con Gertrudis Alemán se casó en 1759, era hija de Francisco Antonio Alemán.

Al enviudar, Juan Bautista contrae nuevamente matrimonio en septiembre de 1781 (Valladares, 1948: 2) con María Luisa Espinar Carranza, hija de Tomás Espinar y María del Carmen Carranza. Nuevamente viudo se casó en 1789 con Ana Manuela Tanislao del Castillo. Para 1790 era uno de los vecinos más prósperos e influyentes de Tegucigalpa: minero, comerciante, ganadero y agricultor, propietario de bienes raíces y tiendas. Fue *servidor de la real administración* en distintos cargos y *encargado del cobro de donativos y visitas de minas, distribuidor de pólvora, cambista del marco de plata y encargado de la real renta de correos.* Juan Bautista contaba entonces con 57 años (Montes, 1953: 1-2/6). Posteriormente llego a Honduras su hermano Ángel María Morazzani. Este se casó con Sebastiana Martínez y fueron los padres de Pablo Morazán Martínez. Pablo se casó "Maruquita", una sobrina de José Francisco Morazán Quezada, hija de su hermana Cesárea Josefa y Antonio Cerrato.

Los descendientes de los Morazán formaron numerosas familias que radicaron en San José de Yuscarán, Morocelí, Oropolí, Olanchito, Danlí y Tegucigalpa. Por parte de José Francisco, sus descendientes se establecieron en El Salvador, Nicaragua, Costa Rica y otras regiones.

Juan Bautista se casó a los 24 años con Gertrudis Alemán de la Cerna en 1759. Con María Luisa Espinar Carranza se casó cuando tenía 46 años en 1781 y nuevamente viudo se casó

---

[18] Varios miembros de la familia Morazzani emigraron de Córcega hacia las islas caribeñas y de allí pasaron a Centro América donde se castellanizó el apellido a Morazán (Franceschi, 2002: 11)

Parte de la descendencia de los hermanos Morazzani (Morazán)

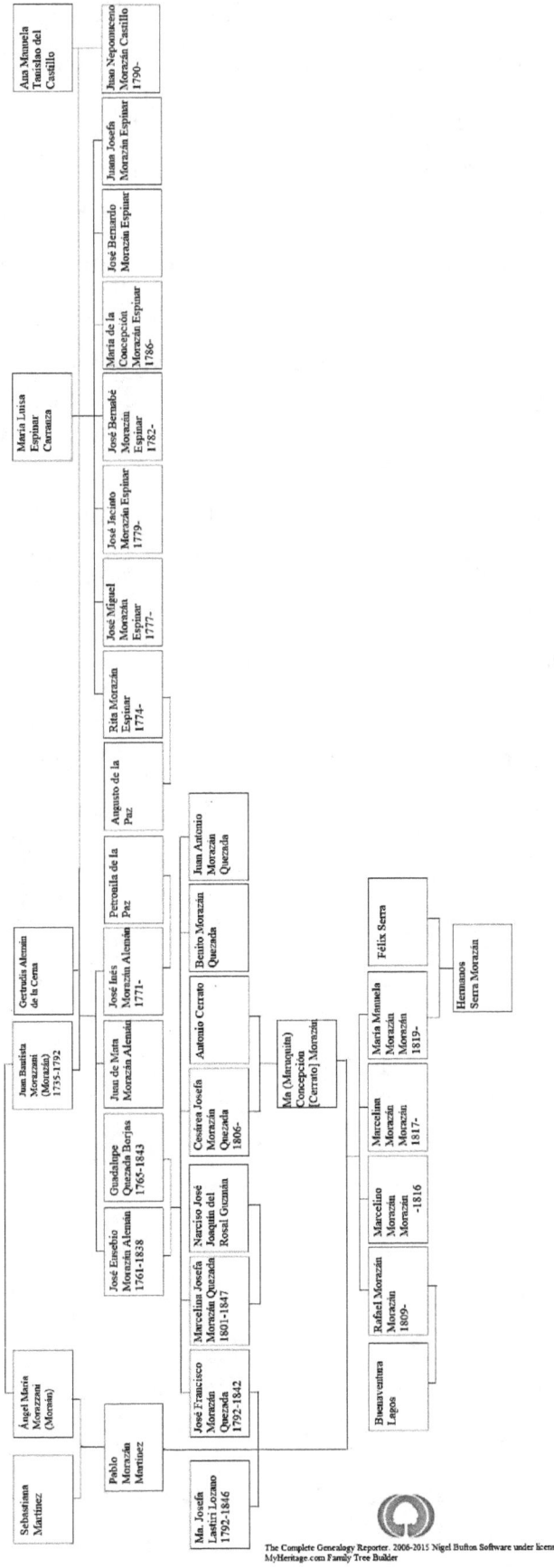

en 1789 a los 54 años con Ana Manuela Tanislado del Castillo. Murió Juan Bautista a los 57 años en 1792.

Su sobrino Pablo Morazán Martínez se casó con María "Maruquita" Concepción [Cerrato] Morazán. Ella era su sobrina nieta en 2° grado.

José Francisco Morazán Quezada (Tegucigalpa 3 de octubre de 1792-Costa Rica, 15 septiembre de 1842), fue bautizado por Juan Francisco Márquez en la parroquia de Tegucigalpa el 16 de octubre del mismo año en que nació. Hijo del comerciante y hacendado Eusebio Morazán y Guadalupe Quezada Borjas, miembros de la feligresía de San Miguel. A los 34 años se casó con la viuda de Esteban Travieso, María Josefa Úrsula Francisca de la Santísima Trinidad Lastiri Lozano. Hija de Francisca Margarita Lozano y Borjas y Juan Miguel Lastiri, Administrador de Rentas de Correos (1799) y uno de los más fuertes comerciantes de Honduras, perteneciente a familias influyentes con nexos comerciales en el exterior (Martínez, 1968).

José Francisco Morazán Quezada era un militar, político de ideas liberales, escritor, presidente de la República Federal de las Provincias Unidas de Centroamérica entre 1827 y 1830, Jefe de Estado de Honduras, El Salvador, Guatemala y Costa Rica. Defensor de la Independencia, su gobierno buscó proteger la educación adoptando el sistema Lancaster, separó la iglesia de los asuntos de gobierno sustituyendo las antiguas leyes por los códigos Livingston que buscaban la superación y desarrollo humano. Muerto Morazán, la iglesia y los conservadores retomaron su poder e influencia. José Francisco Morazán Quezada es objeto de una enorme historiografía, poesías y hasta de una película.

José Francisco Morazán Quezada			
(1792-1842)			
Esposa y parejas			
Teresa Escalante y Ocampo	Francisca Moncada	**María Josefa Úrsula Francisca de la Santísima Trinidad Lastiri Lozano** (20 octubre 1792-1846) casados el 30 de diciembre de 1825	Rita Zelayandía (esposa de Eusebio Ruíz)
1ª generación: hijos			
María Ester de los Dolores [Morazán] Freer Escalante (Costa Rica, 2 junio 1843-febrero 1929)	Francisco [Morazán] Moncada (Honduras, 4 octubre 1827- Chinandega, 1904)	Adela Morazán Lastiri (El Salvador, octubre 1838-Santa Tecla 2 mayo 1921)	José Antonio [Morazán] Ruíz Zelayandía (Honduras, 10 mayo 1826- 27 noviembre 1883)
2ª generación: nietos			

María Ester de los Dolores [Morazán] Freer Escalante se casó en 1859 con Luís Vicente José Gargollo Díaz de Tejada:

* Elena Rosa de las Mercedes Gargollo Freer

* Eduviges Teresa Gargollo Freer

* María Luisa Gargollo Freer

* María Adela Eulalia Gargollo Freer

* Luciano Luís José María Gargollo Freer

* Guillermo Juan de Jesús Gargollo Freer

* Ricardo María de los Dolores Gargollo Freer

* Manuel Antonio Francisco Gargollo Freer

* José Aurelio de los Dolores Gargollo Freer

* Celia Eloísa Concepción de Jesús Gargollo Freer

Francisco [Morazán] Moncada se casó con Carmen Venerio Gasteazoro (hija de Bernardo Venerio e Ignacia Gasteazoro):

* Francisco Morazán Venerio

* Carmen Morazán Venerio

* Mercedes Morazán Venerio

Adela Morazán Lastiri se casó en 1860 con Cruz Ulloa (Abogado, Ministro de Relaciones Exteriores de EL Salvador y autor de la Recopilación de Leyes Patrias):

* Francisco Ulloa Morazán

* Esteban Ulloa Morazán

* Josefina Ulloa Morazán

* Mercedes Ulloa Morazán

José Antonio [Morazán] Ruíz Zelayandía se casó con Dolores López

3ª generación: bisnietos	
Francisco Morazán Venerio casado primero con Gertrudis Callejas Sansón, en segundas nupcias con Ester Rodríguez:	Esteban Ulloa Morazán casado con Elisa Duke:
* Manuela Morazán Rodríguez	* Cruz Ulloa Duke
Carmen Morazán Venerio casada con Eduardo Deshon:	* María Margarita Ulloa Duke
* Emma Deshon Morazán	* Antonio Francisco Ulloa Duke (casado con Carmen Mondragón)
* María del Carmen Deshon Morazán	* Esteban Ulloa Duke
* Juan Deshon Morazán	* Rafael Ulloa Duke
* Roberto Deshon Morazán	* Ernesto Ulloa Duke
* Elisa Deshon Morazán	* José Ulloa Duke
* Adela Deshon Morazán (de Frizell)	* Elisa Ulloa Duke
* Elena Deshon Morazán (de Barberena)	* Luz Ulloa Duke
* Eva Deshon Morazán (de Navarro)	* Edna Ulloa Duke
* Ester Deshon Morazán	**Josefina Ulloa Morazán** casada con **José Antonio López Gutiérrez** (hermano del presidente Rafael Salvador López Gutiérrez)
* Eduardo Deshon Morazán	* Margarita López Ulloa
* Angelina Deshon Morazán (de Callejas)	* Armando López Ulloa
* María Elsa Deshon Morazán	* Adela López Ulloa
Mercedes Morazán Venerio casada con Rafael Infante:	* Elsa López Ulloa
	Mercedes Ulloa Morazán casada con

* Josefa (Chepita) Infante Morazán

Francisco Ulloa Morazán casado con Alice Main:

* Aida Ulloa Main (casada con Winnal Dalton)

* Eva Ulloa Main

Elena Rosa de las Mercedes Gargollo Freer casada con José María Edmundo Alejo Jiménez Bonnefil:

* Eloísa Marcelina Concepción de Jesús Jiménez Gargollo

* Alejo Silverio Jiménez Gargollo

* Bernardo Lorenzo Jiménez Gargollo

* Rafael Simón de Jesús Jiménez Gargollo

* José Emeterio Jiménez Gargollo

* Claudia Jiménez Gargollo

* María Edita Clemencia Jiménez Gargollo

* José de Jesús Baltazar Jiménez Gargollo

* María Virginia Juana de Dios Jiménez Gargollo

* Rosa Nuvia Jiménez Gargollo

* María Regina de Jesús Jiménez Gargollo

* Rafael Tobías Jiménez Gargollo

* Rafaela Sara Jiménez Gargollo

* Francisco María Lesmes Timoteo Jiménez Gargollo

* Agustín María Esteban Jiménez Gargollo

* María Viviana Flora de Jesús Jiménez Gargollo

* Margarita Tomasa del Socorro Jiménez Gargollo

* María del Socorro Jiménez Gargollo

Manuel Antonio Francisco Gargollo Freer con María Elena de Jesús Saborio Borbón:

* María del Carmen (Gargollo) Saborio

Alberto Bustamante:

* Alberto Bustamante Ulloa

* Leónidas Bustamante Ulloa

* Alfredo Bustamante Ulloa

* Adela (Pacha) Bustamante Ulloa (Casada con Roberto Párraga)

María Adela Eulalia Gargollo Freer casada con Lesmes Jiménez Bonnefil:

* Adela Jiménez Gargollo

* María Jiménez Gargollo

* Lesmes J. Jiménez Gargollo

* Marta Jiménez Gargollo

* Luís Jiménez Gargollo

* Francisco Irineo de Jesús Jiménez Gargollo

* Guillermo Joaquín Jiménez Gargollo

* Oscar Santiago Martín de Jesús Jiménez Gargollo

Guillermo Juan de Jesús Gargollo Freer casado con Graciela Brenes Robles:

* Carmen Josefa Rafaela Socorro Julieta de Jesús Gargollo Brenes

* Guillermo Rodrigo Socorro Rafael Carmen Gargollo Brenes

* Antonio José Bárbaro Gargollo Brenes

Manuel casado con Margarita Vásquez Tinoco:

* Luís Napoleón Gargollo Vásquez

* Elisa Gargollo Vásquez

* Isabel Gargollo Vásquez

* Rafael Eduardo Gargollo Vásquez

Casado nuevamente con Raquel Santacruz Rivera:

* Marta Gargollo Santacruz

* Blanca Ofelia Gargollo Santacruz

* Estela Gargollo Santacruz

	* Gilda Gargollo Santacruz
4ª generación: tátara nietos	

Margarita López Ulloa casada con Alberto Parker:	Elisa Ulloa Duke casada con Erdley Pursley:
* Roberto Parker López	* Erdley Pursley Ulloa
* Margarita Parker López	* Eleine Pursley Ulloa
* Ricardo Parker López	* Ernesto Pursley Ulloa
Armando López Ulloa casado con Virginia Ávila:	Luz Ulloa Duke casada con Ángel Estévez:
* Virginia López Ávila	* Edna Estévez Ulloa
* Julia López Ávila	* Esteban Estévez Ulloa
* Armando López Ávila	* Luz Estévez Ulloa
Adela López Ulloa casada con Rodolfo V. Morales:	* Ángel Estévez Ulloa
* Martha Morales López	Alfredo Bustamante Ulloa casado con su prima María Bustamante:
Josefa Infante Morazán casada con Gustavo Montealegre Seydel:	* Alfredo Bustamante Bustamante
* Mélida Montealegre Infante	* René Bustamante Bustamante
* Gustavo Montealegre Infante	* Marina Bustamante Bustamante
* José Montealegre Infante	Alberto Bustamante Ulloa casado con María Liévano:
* María Elsa Montealegre Infante	* Estela Bustamante Liévano (casada con Gabriel Asturias)
* Gonzalo Montealegre Infante	* Alberto Bustamante Liévano
* Enrique Montealegre Infante	* Gladys Bustamante Liévano (casada con G. McAntee)
Esteban Ulloa Duke casado con Ernestina Quiñonez:	Leónidas Bustamante Ulloa casado Dolores (Lola) Lemus:
* Luz Ulloa Quiñonez	* Dolores Bustamante Lemus (casada con Antonio Perla)
Ernesto Ulloa Duke casado con Emma Llach Schonnemberg:	* Margot Bustamante Lemus (casada con E. Gadance)
* Ernesto Ulloa Llach	
* Roberto Ulloa Llach	* Marta Bustamante Lemus (casada con Julio Ungo)
Edna Ulloa Duke casada con Roberto Zaldívar:	Alejo Silverio Jiménez Gargollo casado con Angelina Jiménez Garbanzo:
* Anna Luz Zaldívar Ulloa	
José Ulloa Duke casado con Leonor Llach Schonnemberg:	* Claudia Jiménez Jiménez
* José Ulloa Llach	
* Leonor Ulloa Llach	

Bernardo Lorenzo Jiménez Gargollo casado con Mercedes Gordillo Gordillo:

* Enriqueta Yolanda Jiménez Gordillo

* Olga Jiménez Gordillo

* Dora Jiménez Gordillo

* Hilda Jiménez Gordillo

María Regina de Jesús Jiménez Gargollo casada con Francisco Jiménez Ortiz:

* Edgar Francisco Jiménez Jiménez

Rafael Tobías Jiménez Gargollo casado con Ella Vicente Giralt:

* Carmen de María Jiménez Vicente

Rafaela Sara Jiménez Gargollo casada con Carlos Miguel Pagés Taltavull:

* Olga de Jesús Sara Lusebia "Virginia" Pagés Jiménez

* Carlos Federico Jesús Pagés Jiménez

* Federico Guillermo Carlos Pagés Jiménez

* Mario Enrique Carlos Pagés Jiménez

* Oscar Alfredo Alejo Giuayaquil Pagés Jiménez

* Oldemar Vinicio Pagés Jiménez

* Jorge Alberto Pagés Jiménez

Oscar Santiago Martín de Jesús Jiménez Gargollo casado con Delfina Blanco Calvo:

* Oscar Manuel de Jesús Jiménez Blanco

* Delfina Jiménez Blanco

* María Cecilia Jiménez Blanco

* Irma Jiménez Blanco

* Marco Antonio Jiménez Blanco

Guillermo Rodrigo Socorro Rafael Carmen Antonio José Bárbaro Gargollo Brenes casado con Carmen María Cooper Rodríguez:

José de Jesús Baltazar Jiménez Gargollo casado con Rosario María Díaz Granados Sáenz:

* José María Jiménez Díaz

* Rosario Elena Jiménez Díaz

* Luís Alejo Jiménez Díaz

* Miguel Alberto Jiménez Díaz

María Virginia Juana de Dios Jiménez Gargollo casada con Luís Ortiz Pacheco:

* Elena María del Socorro Ortiz Jiménez

* Clotilde Ortiz Jiménez

* Olga Ortiz Jiménez

* Luís Ortiz Jiménez

* Orlando Ortiz Jiménez

* Virginia Ortiz Jiménez

* Norma Ortiz Jiménez

Agustín María Esteban Jiménez Gargollo casado con Nila Dolores Santistevan Carbo:

* Agustín Alejo Jiménez Santistevan

* Alejo Edmundo Jiménez Santistevan

* Roberto Danilo Jiménez Santistevan

Nuevamente casado con Blanca Viteri Araujo:

* Carmen María Jiménez Viteri

Luís Jiménez Gargollo es el padre de Luís Jiménez Brenes

Guillermo Joaquín Jiménez Gargollo casado con Luisa Sáenz González:

* Guillermo Lesmes de la Trinidad Jiménez Sáenz

* José Adolfo de la Trinidad Jiménez Sáenz

* Adela María Mercedes Jiménez Sáenz

* María de los Ángeles Jiménez Sáenz

* Margarita María de las Mercedes Jiménez Sáenz

* Fernando José Jiménez Sáenz

* Guillermo Enrique Jesús María Gargollo Cooper

* Mario Gerardo Francisco de Jesús Gargollo Cooper

Elisa Gargollo Vásquez con Felipe Rosales Hernández:

* Guillermo Rosales Gargollo

* Mario Rolando Rosales Gargollo

* Carlos Felipe Rosales Gargollo

Isabel Gargollo Vásquez con Francisco Méndez Montenegro:

* Ana Mélida Méndez Gargollo

Martha Gargollo Santacruz casada con Marco Antonio García Valle:

* Martha Eugenia García Gargollo

* Marco Antonio García Gargollo

* Anna Patricia García Gargollo

Estela Gargollo Santacruz casada con Guillermo Enrique Rittscher Arnold:

* Raquel Rittscher Gargollo

* Carlos Luís Rittscher Gargollo

* Enrique Joaquín Rittscher Gargollo

* Diana María Raquel Rittscher Gargollo

* Guillermo Federico Rittscher Gargollo

* Jorge Alfredo Rittscher Gargollo

* Clara Estela Catalina Rittscher Gargollo

Gilda Gargollo Santacruz casada con Rolando Llarena Dominelli:

* Rinaldo Llarena Gargollo

* Alejandro Rolando José Llarena Gargollo

* Estuardo Llarena Gargollo

* Gilda Fabiola Llarena Gargollo

* Aldo Iñaki Llarena Gargollo

* Antonio Eduardo José Jiménez Sáenz

* Marta Eugenia Jiménez Sáenz

* Ana Isabel Jiménez Sáenz

María del Carmen (Gargollo) Saborio casada con Rafael Gallegos:

* Leticia del Carmen Gallegos Saborio

* Julieta Gallegos Saborio

* María Cecilia Elena de Santa Teresita del Niño Jesús Gallegos Saborio

* Álvaro Francisco Tomás Gallegos Saborio

Rafael Eduardo Gargollo Vásquez casado con Esther Álvarez Oria:

* Ana Maritza Azucena Gargollo Álvarez

Casado nuevamente con Violeta Gallegos:

* Ana María Gargollo Gallegos

Blanca Ofelia Gargollo Santacruz casada con Juan José Martínez Barrientos:

* Juan Fernando Martínez Gargollo

* Herbert Luís Martínez Gargollo

* Annabella Dolores Martínez Gargollo

Casada nuevamente con Jorge Mario Mencos Zibarra:

* Mario Roberto Mencos Gargollo

* Mayra Beatriz Mencos Gargollo

* Blanca Rita Mencos Gargollo

* Nora Liz Mencos Gargollo

Ester Deshon Morazán casada con Samuel Montealegre Seydel:

* Ángela Montealegre Deshon

* Ester Montealegre Deshon

* Samuel Montealegre Deshon

* Carlos Montealegre Deshon

* Guillermo Montealegre Deshon

	* Noel Montealegre Deshon
	* Roberto Montealegre Deshon
	* Ramiro Montealegre Deshon
	* Francisco José Montealegre Deshon

5ª generación: tátara-tátara nietos

Roberto Parker López casado con Mina Letona Q:	Ester Montealegre Deshon se casó con Jorge Galli Coon:
* Carmen Parker Letona	* Nela Galli Montealegre
* Margarita Parker Letona (casada con Alfredo Guirola)	* Carlos Galli Montealegre
Mélida Montealegre Infante se casó con Alberto Avilés:	* Jorge Galli Montealegre
* Josefa Avilés Montealegre	* Pietro Galli Montealegre
* Alberto Avilés Montealegre	
* José Avilés Montealegre	
* Mercedes Avilés Montealegre	

6ª generación: tátara-tátara-tátara nietos

Carlos Galli Montealegre se casó con Elia Gasteazoro:
*   Silvia Galli Gasteazoro
*   Samuel Galli Gasteazoro
*   Guillermo Galli Gasteazoro (casad con Francisca Gutiérrez)
*   Roberto Galli Gasteazoro (casado con María García)
*   Ramiro Galli Gasteazoro (casado con Amanda Sansón)

Fuente: documentos consultados, adaptación propia.

GRAFICO No. 20

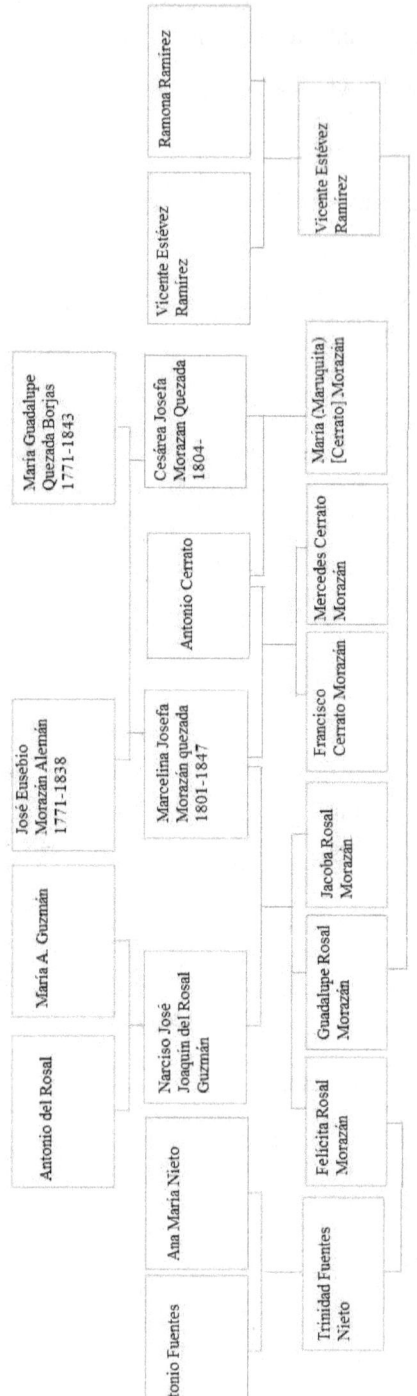

La rama femenina de los Morazán Quezada va en dos vertientes: por un lado, Marcelina Josefa se casó con el Tesorero y Ensayador de la Casa de Rescates de Tegucigalpa Narciso José Joaquín Guzmán del Rosal, originario de Guatemala, con quien procreó 3 hijos y 2 más de su relación marital con Antonio Cerrato (Francisco y Mercedes Cerrato Morazán). Este mismo Antonio Cerrato con su cuñada Cesárea Josefa, fueron los padres de María "Maruquita" Concepción [Cerrato] Morazán (Castañeda, 1991).

Salvador Turcios R., en su documento sobre *La familia del Gral. Francisco Morazán* dice: *a estos mismos descendientes pertenece Ignacia Morazán* (1942:62) o sea de los descendientes de Manuela Morazán la hija de María –"Maruquita" Cerrato Morazán y nieta de Cesárea Josefa Morazán Quezada. Sin embargo, no hemos podido determinar con exactitud quiénes fueron sus padres. Ignacia, continúa el autor, se casó con Crescencio Elvir procreando a Faustino y Crescencio Elvir Morazán. Este se casó con Policarpa Reyes Posas naciendo entre otros José Antonio Elvir Reyes (Olanchito, Yoro 17 enero 1869-1957), que a su vez se casó con Francisca Ramos y fueron los padres de: Francisco, Bernarda, Álvaro, Rafael Ángel (1908-), Aurelia "Nene" e Isabel Elvir Ramos (Elvir, 2000: 189).

Cesárea Josefa Morazán Quezada con Antonio Cerrato:
*   María "Maruquita" Concepción [Cerrato] Morazán

2ª generación: nietos (de Cesárea)

María "Maruquita" Concepción [Cerrato] Morazán casada con Pablo Morazán Martínez (hijo de Ángel María Morazán y Sebastiana Martínez):
*   Rafael Morazán Morazán
*   Marcelina Morazán Morazán
*   María Manuela Morazán Morazán

3ª generación: bisnietos

María Manuela Morazán Morazán casada con Félix Serra:

* Joaquín Serra Morazán	* Guadalupe Serra Morazán
* Pablo Serra Morazán	* Teresa Serra Morazán
* Félix Serra Morazán	* Concepción Serra Morazán
* Ramón Serra Morazán	* Carmen Serra Morazán
* Enrique Serra Morazán	

4ª generación: tátara nietos

Joaquín Serra Morazán casado con Tula Quiñonez:	Teresa Serra Morazán casada con Mónico Córdova:
* Carmen Serra Quiñonez	* Mónico Córdova Serra
* Tula Serra Quiñonez	* Cornelio Córdova Serra
* María Serra Quiñonez	* Gonzalo Córdova Serra
* Joaquín Serra Quiñonez	* José Gustavo Córdova Serra
Enrique Serra Morazán casado con Aurelia Banegas:	* Alfredo Córdova Serra
	* Constantino Córdova Serra
* Ángela Serra Banegas	* Salvador Córdova Serra
* Ernestina Serra Banegas	* Elena Córdova Serra
* Aminda Serra Banegas	* Manuela Córdova Serra
* Trina Serra Banegas	* Gregoria "Goyita" Córdova Serra
* Terencio Serra Banegas	* Teresa Córdova Serra
* Pablo Serra Banegas	* Julia Córdova Serra
* José Serra Banegas	* Isabel Córdova Serra
Carmen Serra Morazán casada con Alesio Fortín:	* Francisca Córdova Serra

* Raimunda Fortín Serra	
5ª generación: tátara-tátara nietos	
Mónico Córdova Serra casado con:	
Josefa Lozano:	Luisa Lardizábal:
* Benjamín Córdova Lozano	* Hernán Córdova Lardizábal
* Amalia Córdova Lozano	* Carmen Córdova Lardizábal
* Fausto Córdova Lozano	* María Teresa Córdova Lardizábal
* Laura Córdova Lozano	* Eva Córdova Lardizábal
* Emma Córdova Lozano	* Julia Córdova Lardizábal
* Héctor Córdova Lozano	
* Marieta Córdova Lozano	

Otros hijos de Mónico Córdova Serra fueron:
 	
    * Emilio Córdova
 	
    * Marco Tulio Córdova
 	
    * Ofelia Córdova
 	
    * Hortensia Córdova	

Francisca Petrona Córdova Serra casada con Jacinto Rivas Colindres:	Manuela Córdova Serra casada con Gilberto Larios:
* Carlos Rivas Córdova	* Gilberto Larios Córdova
* Roberto Rivas Córdova	* Pedro Larios Córdoba
* María Luisa Rivas Córdova	* **Manuel Larios Córdova**
* Julia Rivas Córdova	Constantino Córdova Serra casado con Mirtila Vargas:
* Elena Rivas Córdova	* Mirtila Córdova Vargas
Isabel Córdova Serra casada con Carlos V. Lambsdorff:	* Oscar Córdova Vargas
	Constantino casado nuevamente con Mercedes Díaz:
* Enrique Lambsdorff Córdova	* Cecilia Córdova Díaz
* Dolores Lambsdorff Córdova	Otro hijo de Constantino:
Alfredo Córdova Serra casado con Josefa García:	* Rafael Córdova
	José Gustavo Córdova Serra casado primero con Otilia Ochoa:
* Ada Córdova García	
* Estela Córdova García	* María Córdova Ochoa
* Teresa Córdova García	* Elena Córdova Ochoa
Otros hijos de Alfredo fueron:	Luego con Dolores Rivas:
	* Gustavo Córdova Rivas

* Amílcar Girón	* Rafael Córdova Rivas
* Jorge Girón	* Álvaro Córdova Rivas
* Mercedes Gradíz	* Guillermo Córdova Rivas
Cornelio Córdova Serra casado con Francisca Ester Fortín Machado:	* Gastón Córdova Rivas
* Cornelio Córdova Fortín	
* Carmen Córdova Fortín	
Otra hija de Cornelio fue:	
* Clementina Córdova	

6ª generación: tátara-tátara-tátara nietos	
Marieta Córdova Lozano casada con Miguel Dávila Córdova:	Roberto Rivas Córdova casado con Azucena Muñoz Soleiro:
* José Dávila Córdova	* María Elena Rivas Muñoz
* Miguel Dávila Córdova	* Roberto Rivas Muñoz
* Ligia Dávila Córdova	* Aida Rivas Muñoz
* Leonardo Dávila Córdova	* Gloria Rivas Muñoz
* Rosario Dávila Córdova	Carlos Rivas Córdova casado con María García:
Elena Rivas Córdova casada con Rafael Merlo:	* Carlos Rivas García
* Rafael Merlo Rivas	* Julia Rivas García
Julia Rivas Córdova casada con Herbert Hughes:	* Ligia Rivas García
* Herbert Hughes Rivas	* Conrado Rivas García
* Robert Hughes Rivas	* Norma Rivas García
* Patrick Hughes Rivas	**Manuel Larios Córdova** casado con **Emma Bonilla Gutiérrez** (hija de Policarpo Bonilla Vásquez):
* Katheleen Hughes Rivas	* Manuel E. Larios Bonilla
Ofelia Córdova casada con Pablo Ochoa:	* Marianela Larios Bonilla
* Ofelia Ochoa Córdova	Gilberto Larios Córdova casado con Fidelina Toledo:
* Estela Ochoa Córdova	* Gilberto Larios Toledo
* Olga Ochoa Córdova	* Pedro Larios Toledo
* Roberto Ochoa Córdova	Oscar Córdova Vargas casado con María Soledad Irías Rovelo:
María Luisa Rivas Córdova casada con Federico Boquín:	* Rosario Elena Córdova Irías
* Federico Boquín Rivas	* Eloisa Córdova Irías
* Luís A. Boquín Rivas	

85

* María Teresa Boquín Rivas	* Oscar Córdova Irías
Ada Córdova García casada con Alfredo Trejo Castillo:	Mirtila Córdova Vargas casada con Roberto Ramírez Folgar:
* Mireya Trejo Córdova	* Nohemí M. Ramírez Córdova
* María Luisa Trejo Córdova	* Miriam E. Ramírez Córdova
	* Mirty A. Ramírez Córdova
	* Roberto Ramírez Córdova

Fuente: documentos consultados, adaptación propia.

María Josefa Úrsula Francisca de la Santísima Trinidad nació en Tegucigalpa el 20 de octubre de 1792, fue bautizada por el cura Juan Francisco Márquez. María Josefa se casó en la ciudad de Comayagua en 1808 con José Esteban González Travieso y Rivera Zelaya (Tegucigalpa 25 noviembre 1786-27 de febrero 1825). Este fue hijo del Alférez Real Francisco Antonio González Travieso originario de Galicia y de María Tomasa Rivera Zelaya (Turcios, 1942).

Se desempeñó como Gobernador en Costa Rica, terrateniente poseedor de varias propiedades en Comayagua, entre ellas la hacienda Jupuara. De la unión entre José Esteban González Travieso y Rivera Zelaya y María Josefa Lastiri Lozano nacieron cuatro hijos: 1) María Josefa Ramona, 2) José Esteban, miembro del grupo que acompaño a William Wells en su recorrido por Honduras entre 1854-55[19], como guía-dibujante. 3) Paulina casada con José de la Cruz Lozano, uno de sus hijos fue Julio Lozano Travieso y este al casarse con Josefita "Fita" Díaz, fueron los padres de José María, Ricardo, Hortensia, Carmen Clementina y Julio Lozano Díaz y 4) Tomasa que se casó con el primo hermano de su madre, José María Lozano Lardizábal (29 octubre 1878-17 agosto 1933): abogado, comerciante, hacendado, prestamista y minero poseedor de varias propiedades en Tegucigalpa y Choluteca. Fue amigo y socio de Francisco Morazán en el negocio de cortes de madera en la zona Norte. La hermana de María Josefa Úrsula, María Petrona Lastiri Lozano se casó con Remigio Díaz, ellos fueron los bisabuelos de Laura Vijil Lozano (1885-1974), la esposa de Julio Lozano Díaz (Torres, 1956).

Julio Lozano Díaz (27 de marzo de 1885-20 de agosto de 1957), trabajó en la Cuyamel Fruit C°. y fue contador de la Rosario Mining C°., también se desempeñó en varios cargos públicos. Durante la administración presidencial del General Rafael Salvador López Gutiérrez (1854-1924) entre el 1 de febrero de 1920 al 10 de marzo de 1924, fue nombrado administrador de rentas y aduanas en puerto Castilla, posteriormente en La Ceiba y Tela. Su carrera en la administración pública fue progresando hasta convertirse en presidente de Honduras entre 1954 y 1956 cuando el abogado Juan Manuel Gálvez Durón (1949-1954) renunció a la presidencia de la República. Es así como siendo vicepresidente Julio Lozano Díaz asume el mando del ejecutivo. Julio se casó con Laura Vijil Lozano (12 febrero 1885-22 agosto 1974),

---

[19]Wells (1857) salió de San Francisco, California rumbo a Centroamérica alrededor de 1854, el viaje duró aproximadamente un año y su objetivo era conseguir del gobierno hondureño, derechos de explotación minera, exportación de pieles y madera de construcción y tinte.

bisnieta de María Petrona Lastiri Lozano y Remigio Díaz, bisnieta también de Dolores Lastiri Lozano y Diego Vijil Cocaña (Paredes, L. 1970).

Rafael Salvador López Gutiérrez y Julio Lozano Díaz estaban emparentados ya que Rafael era nieto de Margarita Lozano Lardizábal (hermana de José María) y José María Gutiérrez Osejo. Bisnieto de José Calixto Lozano Borjas y Ana Josefa Lardizábal. El hermano de Margarita, José María Lozano Lardizábal, se casó con Tomasa Travieso Lastiri, la hermana de Paulina, que fue la abuela de Julio Lozano Díaz.

Al enviudar María Josefa contrajo matrimonio con José Francisco Morazán Quezada el 30 de diciembre de 1825, de esa relación nació Adela Morazán Lastiri (Turcios, 1942). El padrino de esta boda fue José Dionisio de Herrera Díaz. la hermana de maría Josefa, Dolores Lastiri Lozano se casó con Diego Vijil Cocaña (Tegucigalpa 1799-Granada 10 enero 1845). Él fue Vicejefe de Estado provisional del 30 junio 1828 al 2 diciembre 1829. En 1836 se le nombró Jefe de Estado de El Salvador y vicepresidente en 1838, de esa misma nación. Del 1 de febrero de 1839 al 5 de abril de 1840 fue vicepresidente de Centroamérica. Su hermano José Antonio Vijil Cocaña se casó con Josefa Molina y fueron sus hijos: Ramón, José Leonardo, Guadalupe y María Manuela Vijil Molina.

Su padre, José Vijil Fernández era el propietario de una manzana de casas ubicadas al sur del cuartel San Francisco y al norte de la Tipografía Nacional (esquina opuesta al edificio). En ese conjunto de viviendas vivió con su esposa Josefa Cocaña e hijos. El padre de Josefa, José Cocaña fue teniente de ministros de las Reales Cajas.

GRAFICO No. 21

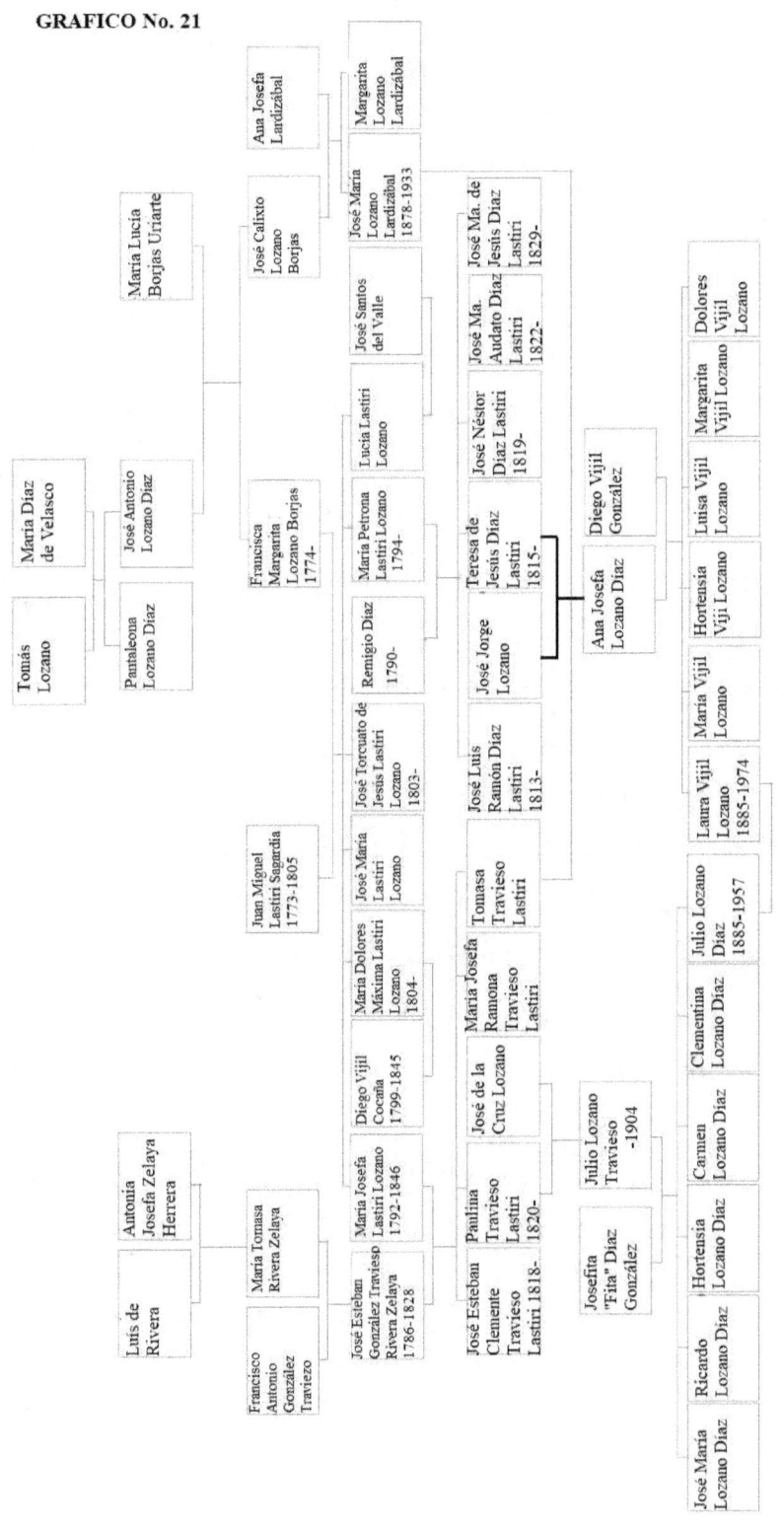

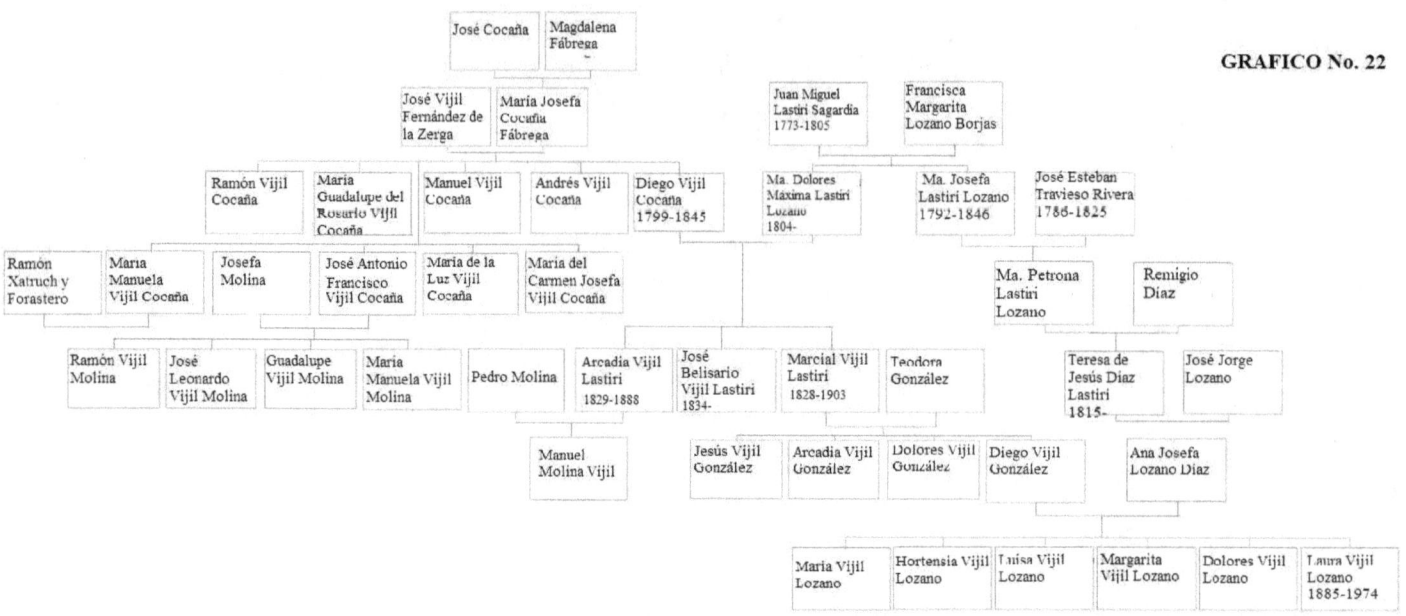

De los varios amoríos sexuales de José Francisco Morazán Quezada resultaron muchos hijos e hijas. Con Francisca Moncada la hija de José Antonio Moncada y sobrina del Ministro General del Gobierno de Honduras Liberato Moncada nació Francisco Morazán Moncada el 4 de octubre de 1827. Este se casó en Nicaragua Carmen Venerio Gasteazoro, hija de Bernardo Venerio con quien procrearon a Mercedes, Francisco y Carmen Morazán Venerio. De similar relación con la esposa de Eusebio Ruiz, Rita Zelayandía, nació José Antonio [Morazán] Ruiz Zelayandía, al ser desterrado de Costa Rica viajo hacia El Salvador donde en 1853 obtuvo el grado de General de Brigada. En 1882 durante la administración presidencial de Marco Aurelio Soto se desempeñó como presidente del Supremo Tribunal de Guerra y Comandante de Armas en Amapala y Yuscarán. Don Eusebio Ruiz fue Procurador de El Salvador y participó activamente en la acción armada en Costa Rica, donde fue herido de muerte en 1842.

Faustina Ruíz Zelayandía, medio hermana de José Antonio se casó con el hijo de una de las familias mineras de San Antonio de Oriente, el comerciante y alcalde de Tegucigalpa José Eusebio Fiallos Martínez. Los Fiallos emparentaron con los Midence, los Soto, los Zelaya, los Maduro Joest y con otras importantes familias.

También durante su estadía en Costa Rica, José Francisco Morazán Quezada conoció a Teresa Escalante Ocampo, hija del comerciante salvadoreño Pedro Pablo Escalante y Gabriela Ocampo. Teresa estaba casada con el inglés William Freer Risk con quién procreo cuatro hijos, la hija que tuvo con José Francisco Morazán Quezada nació a pocos meses de su muerte: María Ester de los Dolores [Morazán] Freer Escalante, ella se casó el 20 de octubre de 1859 con Luís Vicente José Gargollo Díaz de Tejada, hijo de José Gargollo y María de la Concepción Díaz de Tejada originarios de Cádiz. Luís Vicente José nació 27 octubre 1831 y murió el 10 mayo de 1890. La familia Gargollo Freer y todos sus descendientes se establecieron en Costa Rica y otras regiones de América y Europa (Calix, 1996).

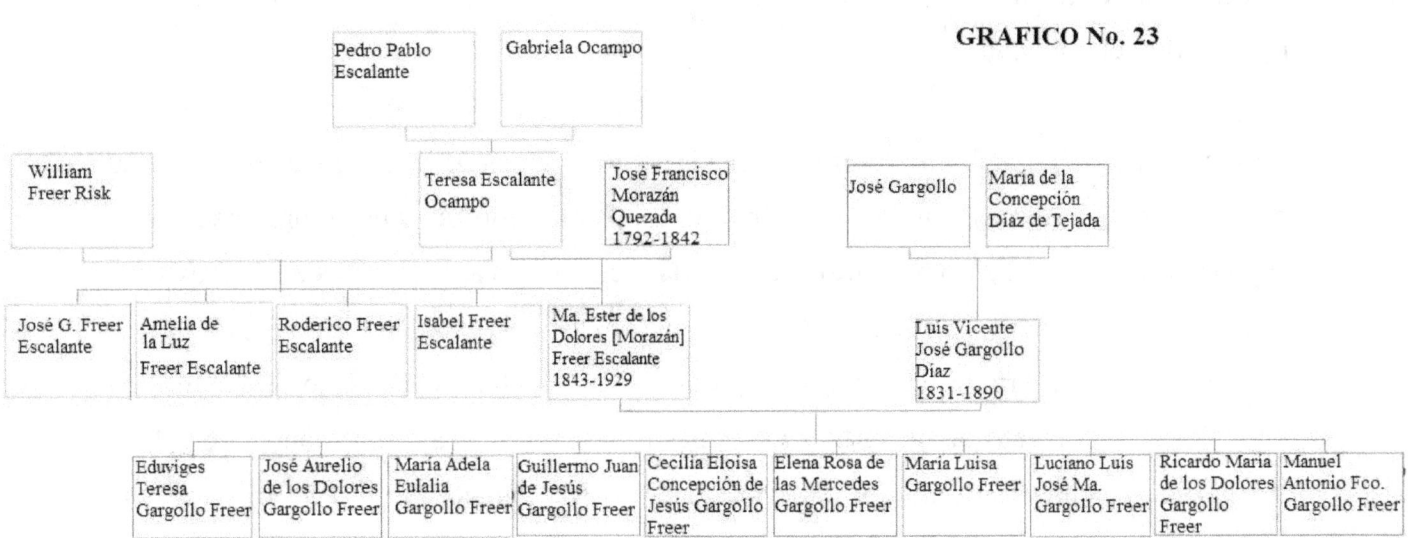

GRAFICO No. 23

Por otro lado, José Santos del Valle (Choluteca 1793- El Salvador julio de 1840), se casó en segundas nupcias con Lucía Lastiri Lozano (hermana de María Josefa). Su primera esposa fue la chilena Petronila Salvador Freire de Andrade viuda de José Ponciano Planas, fueron los padres de Francisco Planas Salvador (26 abril de 1819-26 septiembre de 1892) quien ocupó varios cargos públicos durante la administración presidencial de Luís Bográn. José Santos fue Miembro del Consejo Representativo, Consejero de Estado durante el gobierno de Francisco Morazán, Jefe de Estado (28 julio 1830-22 marzo 1831). José Santos y José María Lazo fueron los propietarios de la mina *San Gerónimo*, ubicada en Ojojona (1839).

También el coronel Remigio Díaz, esposo de Petrona Lastiri Lozano, fue miembro del ejército de Morazán. Él y su esposa fueron los padrinos de boda de José Francisco y María Josefa. El esposo de Carmen Lozano, media hermana de Josefa, Leocadio Lardizábal Estrada, era hijo de Miguel Lardizábal y Juana Estrada.

La sobrina de José Francisco Morazán Quezada (María "Maruquita" Concepción, hija de su hermana Cesárea Josefa) se unió en matrimonio con Pablo Morazán y nacieron Rafael, Marcelina y María Manuela Morazán Morazán. María Manuela se casó con Félix Serra. Tuvieron 9 hijos, una de ellas fue Teresa Serra Morazán que se casó con Mónico Córdova procreando 14 hijos. Pablo y María Concepción eran propietarios del sitio San Antonio de Perunca en Oropolí con una extensión de 11,008 manzanas (Zelaya, ob. cit.). Su hija Manuela Córdova Serra se casó con Gilberto Larios, naciendo de esa unión Manuel Larios Córdova que a su vez se casó con Emma Bonilla Gutiérrez, la hija del abogado, político, minero, comerciante y presidente de Honduras entre 1894-1899, José Policarpo Bonilla Vásquez. Fueron sus abuelos el Abogado Inocente Bonilla y Juana Vásquez.

José Policarpo Bonilla Vásquez (Tegucigalpa el 17 de marzo 1858-Nueva Orleans 11 de septiembre de 1926) se desempeñó como Contador segundo de la oficina general de Cuentas (1879-1883), Diputado al Congreso Nacional (1887), Presidente de Honduras del 22 de febrero de 1894 al 1 de febrero de 1899, durante su administración presidencial se reformaron los códigos Penal, Civil, de Comercio y Minería, de Procedimientos, se reacondicionaron el Hospital General, la Tipografía Nacional, se construyó el puente Guacerique y se realizaron otras obras al interior del país. Murió a los 68 años. Su padre, Inocente Bonilla (27 diciembre 1825-7 junio 1865) se casó en 1853 con la sobrina política de su tío José María Bonilla, Juana Vásquez (Sanso, 1936). Su abuelo Policarpo era originario de Costa Rica y Clara Jirón de León, Nicaragua (Stone, 1976). Ejemplos de relaciones similares entre miembros de la misma familia han sido una constante en las familias de alcurnia centroamericana.

José Policarpo formó parte de la sociedad minera *Fortín & Bonilla* autorizada por el notario Pedro José Bustillo en 1884. Poseía el 30% de las acciones de la compañía fundada por Petrona Fortín Girón, hija de *Guillermo Fortín (FongTin, originario de Malasia) y Guadalupe Girón.* Fueron hijos de Petrona: Daniel, Celso, Camilo, José y Donato. También estableció comercio con Antonio Ramón Fiallos Zelaya, hijo de José Tiburcio Fiallos y Juana Zelaya y fue esposo de María de la O Mendieta. Con él tuvo a *Marcial Fiallos Fortín* (Oyuela, 1997: 126). También, de las muchas relaciones amorosas de José Antonio Ramón Fiallos Zelaya nacieron: Cayetana Fiallos Lanza, hija de María Lanza; con su prima Gregoria Fiallos procreo a Manuel Fiallos Fiallos. Dolores, Francisca Ramona y José María Fiallos Duarte fueron hijos de Isidora Duarte entre otros. La empresa *Fortín & Bonilla* es la predecesora de la *Paradiso Reduction Cº.* en la que fueron accionistas Florencio Xatruch, Policarpo Bonilla, Enrique Level y Thomas R. Lombard entre otros (Oyuela, 1999: 288).

Emma Sotera Gutiérrez Lardizábal, la esposa José de Policarpo Bonilla Vásquez, era hija del Abogado y diplomático Carlos Enrique Gutiérrez Lozano (1829-1883) y Raquel Lardizábal, Según partida de nacimiento (https://familysearch.org/ark:/61903/1:1:KXPM-CLS: 10 April 2020). Fueron sus tíos Emma, Enrique y Soledad Gutiérrez Lozano. Soledad se casó con Juan Francisco López Aguirre (1810-1882) y fueron los padres de José Antonio y Rafael Salvador López Gutiérrez (28 septiembre 1854-10 marzo 1924). Rafael tenía 41 años cuando se casó con Ana Lagos Laínez de 26 años (Choluteca 1870- 11 febrero 1960), hija de Marcial Lagos y Eufraciana Laínez.

Las hermanas Bonilla Gutiérrez fueron bisnietas de José María Gutiérrez Osejo y Margarita Lozano, de Policarpo Bonilla y Clara Jirón y de Manuel Emigdio Vásquez Alcántara. También los hermanos Rafael Salvador y José Antonio López Gutiérrez fueron nietos de José

María Gutiérrez Osejo y Margarita Lozano. José Antonio (Tegucigalpa 1850-Washington 10 noviembre 1922), fue Ministro de Relaciones Exteriores durante la administración de Domingo Vásquez, propietario de la empresa *Gutiérrez y Cía.* se casó con Josefina Ulloa Morazán, hija de Adela Morazán Lastiri, nieta de José Francisco Morazán Quezada.

Emma Bonilla Gutiérrez se casó con Manuel Larios Córdova y su hermana Juana María Vicenta se casó con Venancio Callejas Lozano (Valle de Ángeles, Francisco Morazán 1886-Nueva Orleans 1947). La ascendencia de los Callejas se remonta a Juan Antonio Callejas y María Francisca Santelices, de cuya unión nació entre otros Manuel de Jesús Callejas Santelices. A su vez Manuel de Jesús contrajo matrimonio con Martina Josefa Soto Salgado, hija de Pablo Soto y Ana María Salgado. Entre los varios hijos de este matrimonio están: Juan José, Juan Andrés, Higinia Josefa, Quilina Josefa, Santiago y Juan de Dios Callejas Soto. Por lo tanto, los hermanos Callejas Romero (José Eduardo, Emelisa, Cecilia y Rafael Leonardo) pertenecen a la 5ª generación de Juan Antonio Callejas, María Francisca Santelices, Pablo Soto y Ana María Salgado.

Juan de Dios Callejas Soto (1824-1903) se casó en 1872 con María Mercedes Lozano Fiallos (1851-1932), hija de Francisco Lozano Soto y Francisca Fiallos. Fueron los padres de Rafael, Antonio Miguel (1873-1941), Lastenia (1880-), Adriana (1881-), Venancio (1886-1947), María Mercedes (1887-1898), Carlota Mercedes (1889-), Eduardo Salvador (1891-1965), José Jorge (1892-1966), Víctor Salvador Héctor (1894-) y Magdalena Callejas Lozano.

José Jorge se casó con Adela Streber Soto (1891-1990) hija de Ricardo Streber y Luisa Soto, fueron los padres de Sergia Adela Callejas Streber. Eduardo Salvador Callejas Lozano se casó con Francisca Altamirano y fueron los padres de Leonel Callejas Altamirano (1932-) (ancestors.familysearch.org).

GRAFICO No. 24

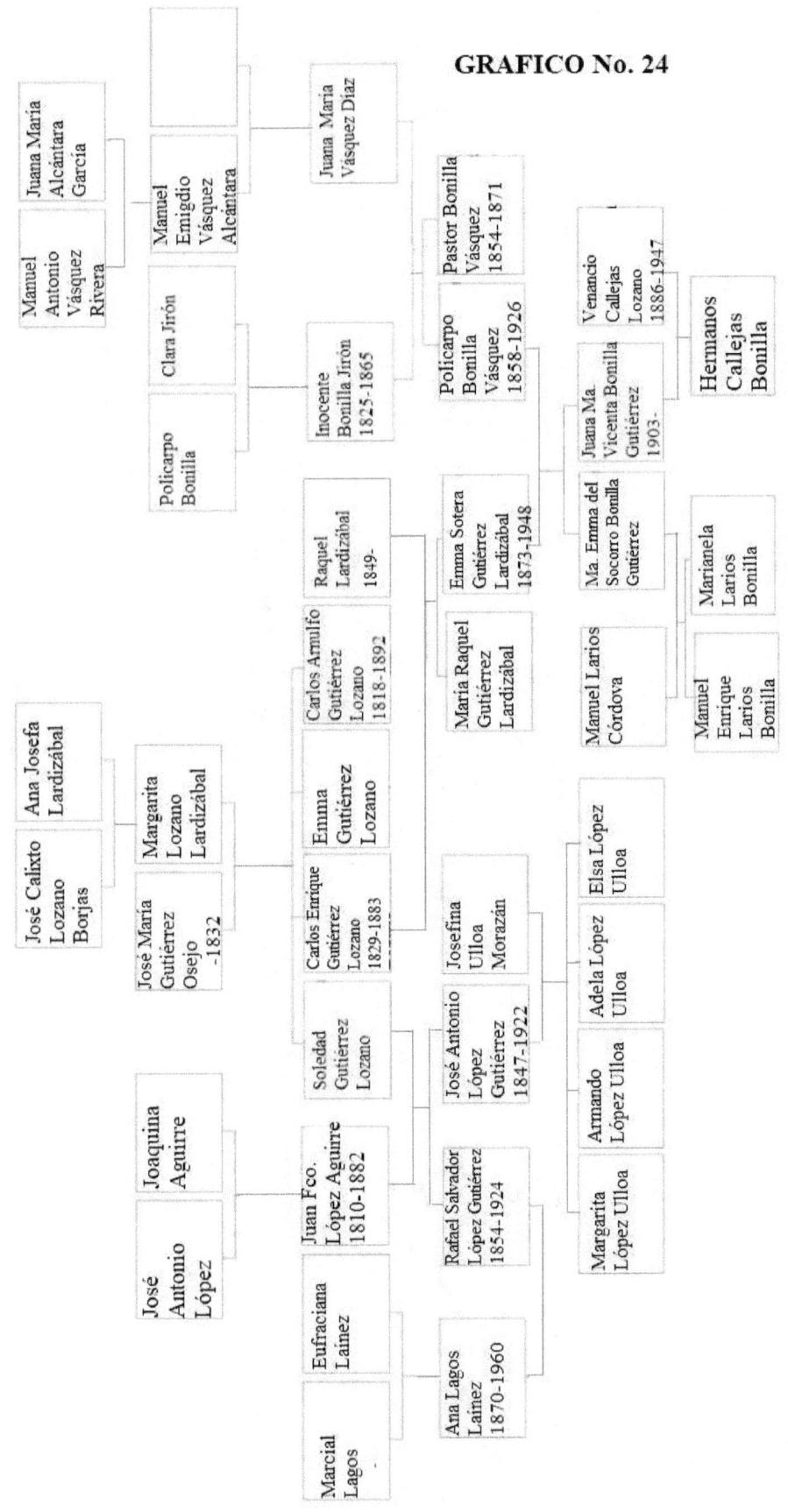

GRAFICO No. 25

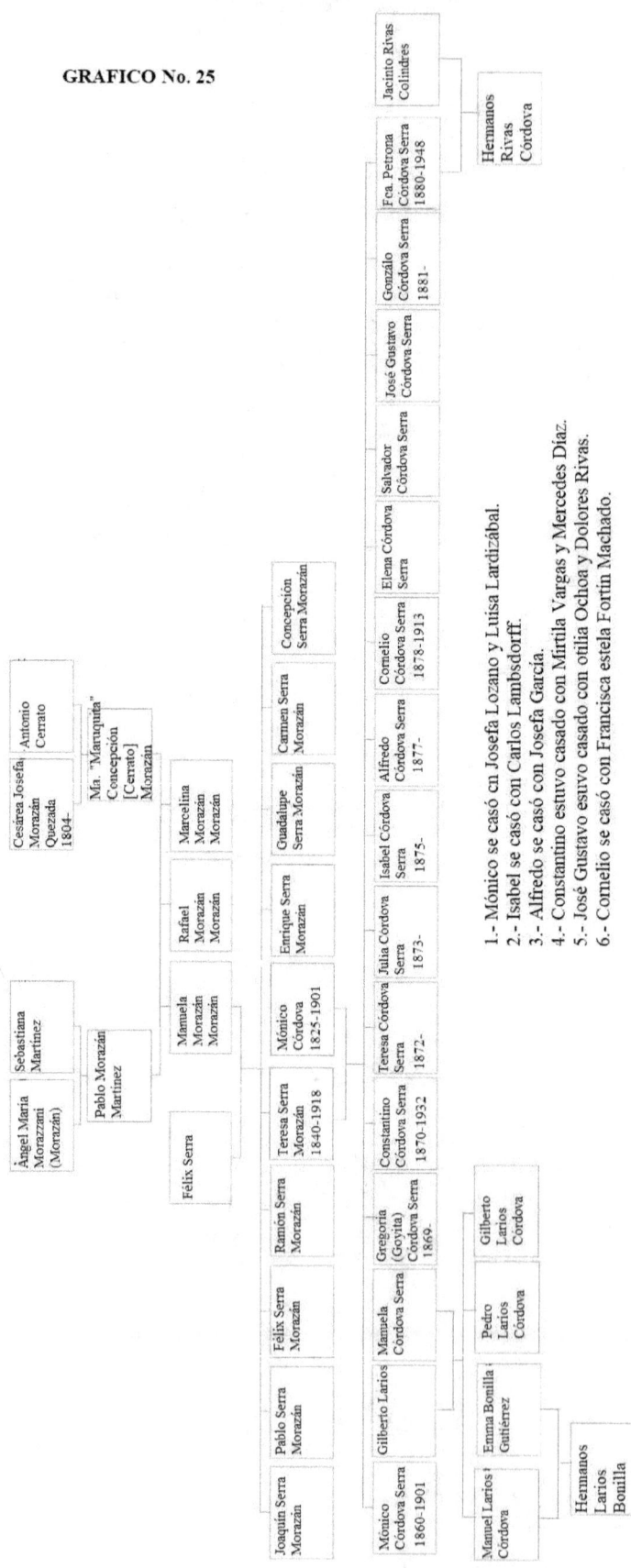

1.- Mónico se casó cn Josefa Lozano y Luisa Lardizábal.
2.- Isabel se casó con Carlos Lambsdorff.
3.- Alfredo se casó con Josefa García.
4.- Constantino estuvo casado con Mirtila Vargas y Mercedes Díaz.
5.- José Gustavo estuvo casado con otilia Ochoa y Dolores Rivas.
6.- Cornelio se casó con Francisca estela Fortín Machado.

GRAFICO No. 26

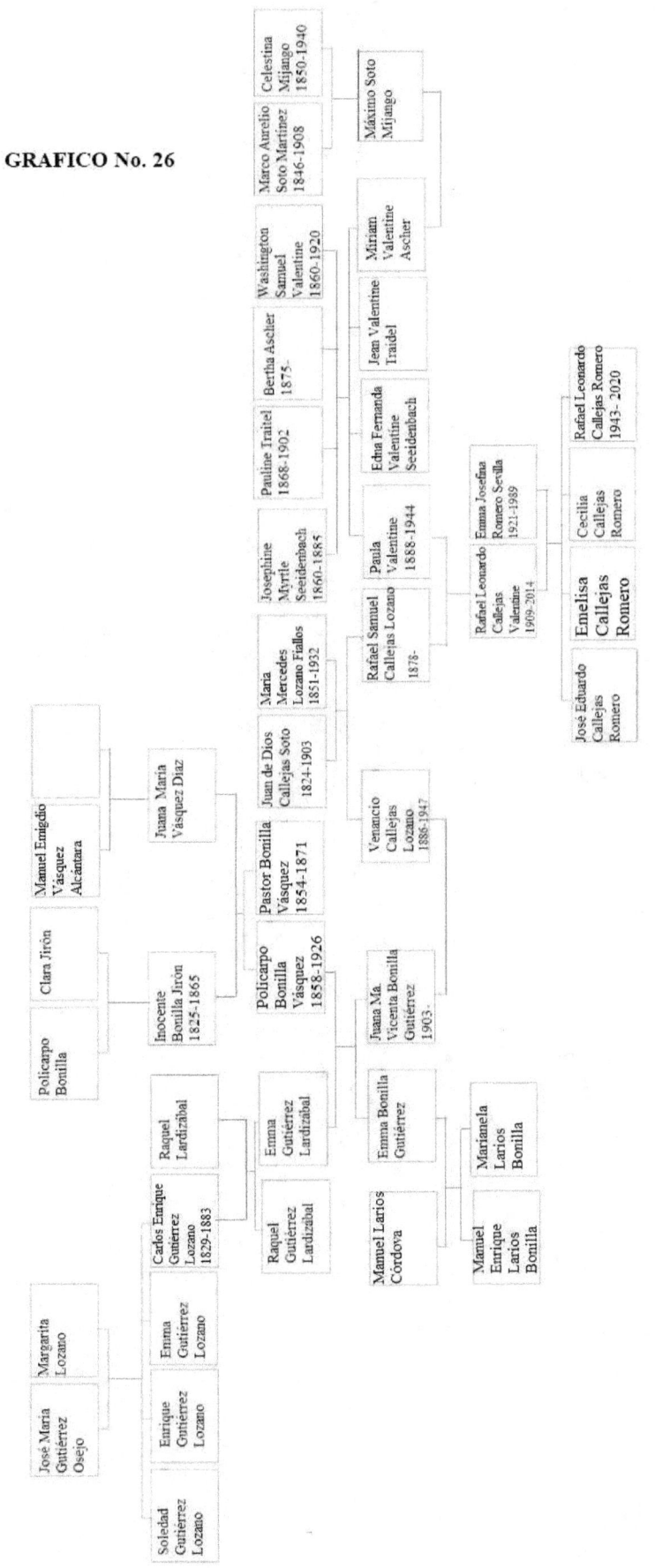

GRAFICO No. 27

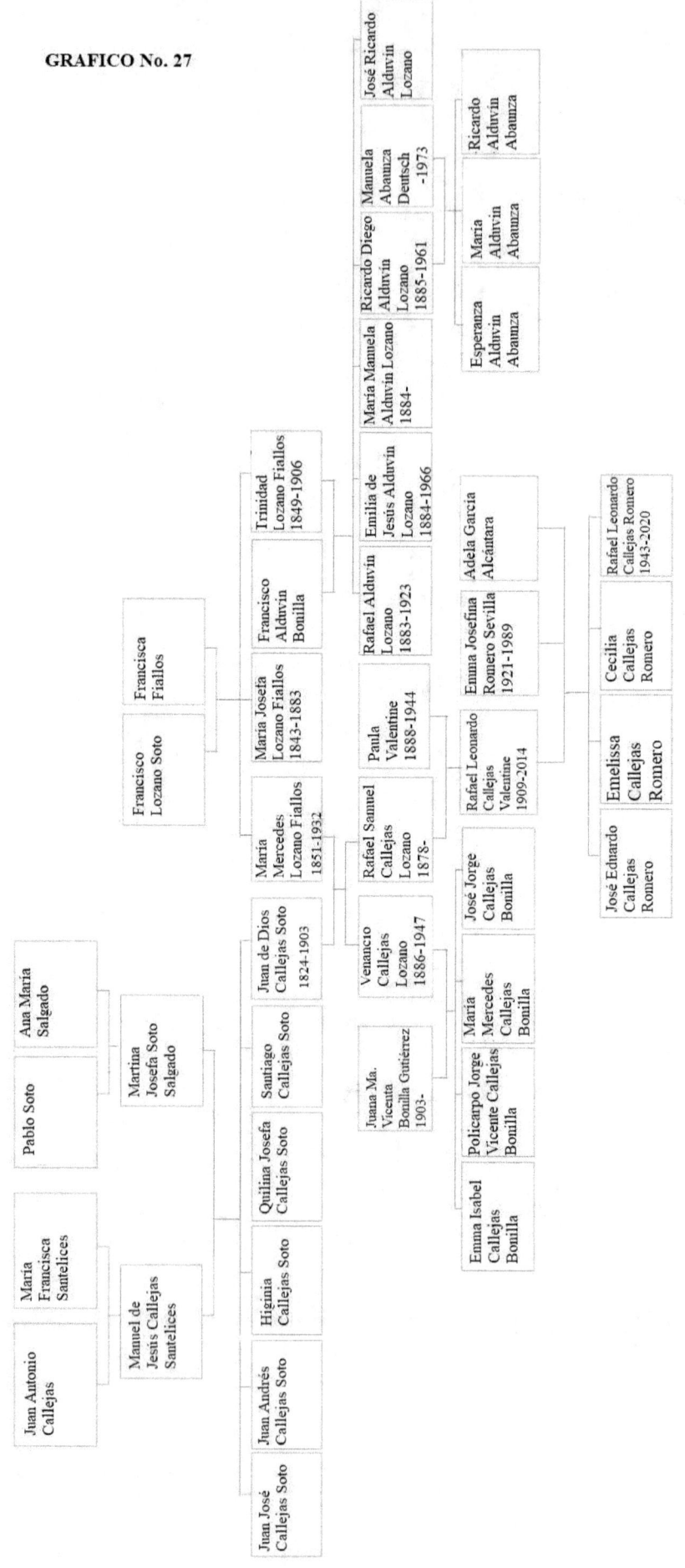

E. Los Guardiola Arbizú

En la ciudad portuaria de Vilaseca, provincia de Tarragona, en el principado de Cataluña nació Juan Ignacio Esteban Guardiola Amorós (1779-1835), hijo de Pedro Guardiola y Teresa Amorós. Interesado en las riquezas que ofrecía el nuevo continente, Juan Ignacio Esteban de 23 años se embarcó en compañía de su amigo y futuro socio Ramón Xatruch y Forastero (1784-) hijo de Pedro Xatruch y María Forastero (1761-). Llegaron a Honduras en 1802. José Ignacio Esteban se estableció en el mineral de San Antonio de Oriente, donde formó una sociedad mercantil[20] con su amigo y compañero de viaje. Una vez establecidos, se dedicaron a la explotación minera, ganadera y agrícola, formando un buen capital (Guardiola, 1994).

Ramón Xatruch y Forastero se casó María Manuela Vijil y Cocaña, hija de una de las familias más importantes de la región. De esta unión nacieron Pedro y María Josefa Felipa Xatruch Vijil. Al enviudar contrajo matrimonio con Eugenia Villagra, hija de otra familia minera en Choluteca, naciendo en esta ocasión Florencio Xatruch Villagra el 21 de octubre de 1811 en San Antonio de Oriente. Abogado, militar, político y propietario de varias minas en Cedros. La posición económica de la familia les permitió enviar a sus hijos a la Universidad de León, Nicaragua. Florencio luchó contra Diego Vijil y formó parte del ejército de Francisco Morazán y de Francisco Ferrera; fue Diputado al Congreso Nacional (1848) durante la administración presidencial de Juan Nepomuceno Fernández Lindo, pero se unió al ejército de José Santos Guardiola en 1850. Estuvo a cargo de los Ministerios de Guerra, Hacienda (1858-1860) y de Relaciones Exteriores (1860-1862). Pedro y Florencio enfrentaron a William Walker que se había autoproclamado presidente de Nicaragua el 12 julio de 1856.

Florencio Xatruch fue contrario al gobierno de José Trinidad Cabañas Fiallos. Ocupó diversos cargos administrativos a nivel centroamericano: el 15 de febrero de 1864 fue proclamado vicepresidente de Honduras, en El Salvador fue nombrado comandante y Gobernador de San Miguel (1868-1870) por el presidente Francisco Dueñas. Presidente de Honduras en marzo de 1871, Comandante de Armas de Trujillo (1876) nombrado por Ponciano Leiva; en Nicaragua Pedro Joaquín Chamorro lo nombró Gobernador Militar de Chinandega y León (1877-1878). Florencio murió el 15 de febrero de 1893 en Managua, tenía 82 años.

---

[20] ANH: caja # 131, doc. 4458 con fecha 22/7/1818.

William Walker llegó a ese país centroamericano el 16 de junio de 1855 con un contingente de hombres (*los 56 inmortales*) contratado por una facción del liberalismo nicaragüense. Cuando su gobierno fue reconocido por Estados Unidos los demás países centroamericanos se unieron para combatir sus aspiraciones de apoderarse de la región. *El 7 de julio de 1856 Guardiola emitió una proclama* en la que declaraba el total rechazo a la usurpación del gobierno nicaragüense por parte de Walker, lo que representaba una amenaza para la región (Moran y Moran, 2010: 32-56). Por su participación en el enfrentamiento contra Walker, Florencio obtuvo el grado de General en Jefe de las tropas aliadas y en Honduras se le otorgó el grado de General de Brigada y posteriormente General de División.

¿Quién era este temerario hombre? William Walker Norvell nació en Nashville, Estados Unidos un 8 de mayo de 1824 encontró la muerte en la ciudad portuaria de Trujillo, Honduras el 12 de septiembre de 1860, a los 36 años. Hijo del escoses James Walker y Mary Norvell originaria de Kentucky, Estados Unidos. Médico, abogado, periodista y político. Más destacado por su carrera de aventurero facineroso, defensor y fiel creyente de la doctrina del "Destino Manifiesto"[21]. Fue miembro del *Partido de Derechos de los Estados del Sur* cuyos fines eran los mismos que los constituidos en la Gran Logia *Red Star*: apoderarse por cualquier medio de los países vecinos del sur desestabilizando los débiles gobiernos de México y Centroamérica y extender el poderío de los líderes miembros de la logia. También perteneció a la *Orden de los Caballeros del Círculo Dorado*, organización que pretendía restablecer el comercio de esclavos africanos y adquirir nuevos territorios... (Abarca, 2016: 82). Tras varios enfrentamientos con los ejércitos centroamericanos, Walker fue capturado y condenado a ser pasado por las armas, su cadáver fue conducido al panteón del puerto de Trujillo. En su defensa Walker alego que su juicio había sido *injusto* y de carácter *político* que no aceptaba el cargo de *filibustero* pues *no sabía legalmente lo que esa palabra significaba...* (Proceso contra el filibustero William Walker, 1860).

---

[21] Doctrina promovida por el presidente James Knox Polk (1795-1849) y apoyada por líderes políticos sureños mediante la cual Estados Unidos buscaba expandir su poderío a territorios aún no conquistados del hemisferio occidental por considerarse superiores a los habitantes de estas regiones. El periodista John O´Sullivan del Democratic Review utilizó esta frase en 1845 al decir: *el cumplimiento de nuestro destino manifiesto es extendernos por todo el continente que nos ha sido asignado por la providencia para el desarrollo del gran experimento de libertad y autogobierno...* (www.ecured.cu Doctrina del Destino Manifiesto).

Víctor Acuña Ortega, en 2008, realizó un análisis sobre la historiografía publicada sobre William Walker en Estados Unidos y Europa entre 1855 y 1860. Comenzando con el libro escrito por el mismo Walker en 1860 "The War in Nicaragua". Muchos de los autores de esos libros y artículos vieron con buenos ojos el proyecto enmendador de la caótica situación política, social y económica que estaban viviendo las repúblicas centroamericanas sumidas en el desorden y la anarquía alimentadas por la sed de poder, tanto de liberales como de conservadores. Por lo tanto, consideraron inevitable que Estados Unidos asumiera su destino manifiesto para rectificar tal situación, especialmente las elites económicas, intelectuales y buena parte de los ciudadanos norteamericanos que se consideraban superiores a los habitantes de esas regiones. Aquellos sectores que no estuvieron de acuerdo con el proyecto, fue porque este se hizo de forma particular y no ejecutada desde el mismo gobierno norteamericano. Estaban las elites centroamericanas tan cegadas por la ambición que eran incapaces de concebir un mejor destino para su región. Al final, dice el documento de Acuña, la derrota de Walker y los filibusteros fue obra del apoyo económico brindado a esas elites (especialmente de Costa Rica) por el empresario del transporte de vapores, Cornelius Vanderbilt (1794-1877) cuyos intereses en Nicaragua se vieron afectados cuando William Walker asumió el control de su empresa *Accesory Transit Corporation*, sobre el río San Juan y el lago de Nicaragua. Vanderbilt contrató al mercenario Sylvanus M. Spencer (1819-1862) para que asesorara militarmente las campañas contra los filibusteros.

GRAFICO No. 28

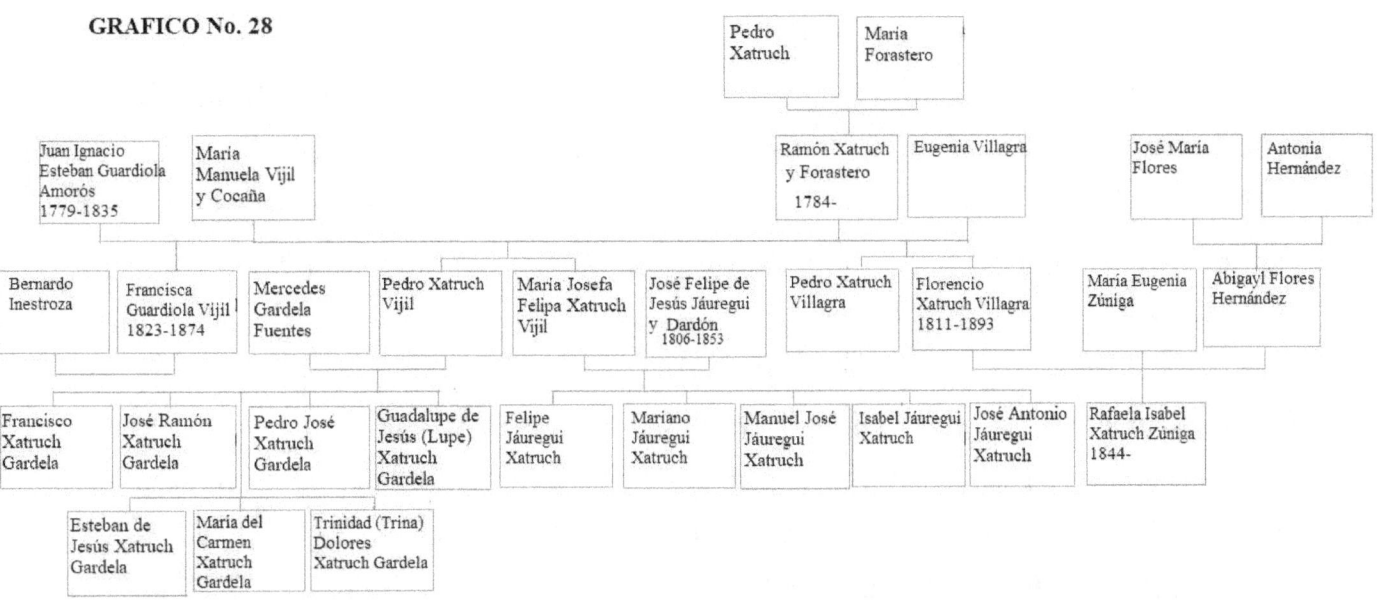

Posteriormente, Florencio y su hermano Pedro Xatruch Vijil se trasladaron a Nicaragua donde se dedicaron a la agricultura y la minería. Pedro era propietario de las minas Cañón de Ricardo *y* copropietario de la mina Jalaua con Cayetano Morazán ambas en Yuscarán (1850), casado con Mercedes Gardela Fuentes. Florencio estuvo casado primero con María Eugenia Zúniga de cuya unión nació Rafaela Isabel Xatruch Zúniga (1844-). Al enviudar se casó nuevamente el 3 de enero de 1852 con Abigayl Flores Hernández, hija de José María Flores y Antonia Hernández (Cortés, 2016).

María Josefa Felipa Xatruch Vijil se casó con José Felipe de Jesús Jáuregui y Dardón, presidente de la Cámara de Representantes (1843). Este era un diplomático guatemalteco radicado en Tegucigalpa, hombre de confianza del presidente Francisco Ferrera, minero propietario de la mina Santa Cruz en el valle de Yeguare, mineral de San Antonio. Esta familia, conservadora por sus fuertes vínculos con la Iglesia Católica, estaba sólidamente establecida. Varios de sus miembros controlaron el cabildo eclesiástico y el ayuntamiento. Su influencia se extendió por todo el reino de Guatemala.

Los Jáuregui mantuvieron relaciones con el presbítero, cura vicario, Juez Eclesiástico de la villa de Tegucigalpa y Comisario del Santo Oficio, Juan Francisco Márquez y Castejón (1750-1815). El abogado de la Real Audiencia José Antonio Hermenegildo de Jáuregui y Sánchez de Guzmán (Guatemala 1742-), hijo de José Manuel de Jáuregui y Valenzuela y Ángela Sánchez de Guzmán, hija de Miguel de Arellano y Abarca, estuvo casado con Antonia de Arellano y Pedrosa procreando entre otros a los hermanos Leonardo y Mariano de Jáuregui y Arellano que se casaron con sus primas hermanas Josefa y Manuela de Jáuregui y Dardón (1771-1883), respectivamente. Hijas de José Felipe Jáuregui y Sánchez de Guzmán y Rosa Dardón y Morales. El otro hermano, Miguel Gregorio Jáuregui y Arellano, fue párroco de la Diócesis de Guatemala (Belaubre, C., 2013 y 2015).

Al morir Ramón Xatruch, Juan Ignacio Esteban Guardiola se casó con su viuda. De esta unión nació Francisca Guardiola Vijil, que contrajo matrimonio con Bernardo Inestroza. Juan Ignacio Esteban desempeñó cargos dentro de la administración real como jefe de Milicias y Alcalde Mayor de la Provincia. Murió en 1835 a los 56 años. Procreo varios hijos dentro y fuera del matrimonio, distribuidos entre San Antonio de Oriente y Tegucigalpa. Allí conoció a Bibiana Bustillo, naciendo de su unión José Santos Guardiola Bustillo (Tegucigalpa 1 noviembre 1816-Comayagua 11 de enero de 1862, enterrado en la iglesia San Miguel de Tegucigalpa), ahijado del padre José Trinidad Reyes. José Santos fue presidente Constitucional de Honduras del 17 de febrero de 1856 hasta el 11 de enero de 1860 y reelecto del 3 de febrero de ese año al 11 de enero de 1862 cuando fue asesinado por el Mayor de Plaza Pablo Agurcia. El presidente Guardiola tenía 46 años al momento de su muerte (RABN, 1952).

Pero ¿Quiénes estuvieron detrás de su muerte y cuáles fueron los motivos de su asesinato? La explicación la encontramos en Pérez Chávez (ob. cit.) de la siguiente manera: uno de los constantes problemas de todos los gobiernos ha sido la falta de solidez en las arcas nacionales y más durante esos momentos que se tenía el problema de las recurrentes incursiones de los filibusteros, especialmente de William Walker. Por ello los gobiernos de Nicaragua y Honduras firmaron un acuerdo de auxilio mutuo para hacer frente a esa situación, pero se requería capital para formar, mantener y sostener a las tropas y adquirir armamento. Motivo por el cual desde el inicio de su mandato y durante todo su gobierno, el presidente Guardiola cargó con un porcentaje a los capitalistas y a la iglesia. El gobierno exigía un aporte cada vez mayor y estos eran reacios al sostenimiento de las fuerzas militares a expensas de la merma de sus fortunas.

Capitalistas e iglesia incluso, conspiraron y financiaron a la oposición interna a fin de derrocar al presidente Guardiola que pretendía permanecer en el poder, y como un solo bloque en defensa de sus intereses corrompieron a la guardia personal para que ésta lo eliminara… siendo posteriormente eliminados también. Entre los capitalistas mencionados en las listas de aportantes forzosos se encuentran personajes pertenecientes a varias de las familias aquí estudiadas como ser: Miguel y Rafael Ugarte, Ramón y Miguel Midence, Wenceslao Agurcia, Rosendo Agüero, Juan José y Máximo Soto, José María Lazo, José María Zelaya, Rafael y Trinidad Ferrari, Máximo, Martín y Pío Uclés, Leocadio Lardizábal, Victoriano Castellanos, Luís Brito, Felipe Jáuregui, José María Alcántara, la casa Agurcia, Martina Flores, Ubalda Villafranca, Calixto Lozano, Agustina Morcilla, Cornelio Soto, Florencio Xatruch y muchos más (García B., ob. Cit.).

José Santos, de oficio impresor, estudió en la escuela del coronel José Antonio Márquez destacándose en la carrera militar. Fue casado con Ana Mateo Arbizú Flores, hija de una rica familia de españoles residentes en Yuscarán. Su padre fue alcalde de San José de Yuscarán, Calixto Arbizú y Santos Flores quienes también procrearon a Mariana y Trinidad Arbizú Flores. La boda se realizó en 1847 y procrearon 7 hijos. Su hijo Gonzalo (Comayagua 10 enero 1848-22 marzo 1903) inició estudios de abogacía y se desempeñó como Diputado al Congreso Legislativo y fue Director del Archivo Municipal de Comayagua (Guardiola, 1994). María Genoveva "Veva" de Jesús Guardiola Arbizú, (Comayagua 20 julio 1858-Nueva York 14 diciembre 1926) se casó el 18 de marzo de 1881 a los 23 años con Tomás Cirilo José de la Caridad Estrada y Palma de 49 años (Bayamo 19 julio 1832-Santiago de Cuba 4 noviembre 1908) (RABN, 1952). Durante el gobierno de Marco Aurelio Soto Martínez, Estrada Palma fue contratado, al igual que otros intelectuales extranjeros, con el objetivo de poner en marcha reformas liberales de tipo administrativo, político, económico y social.

Tomás Cirilo José de la Caridad participó en la Guerra de los Diez Años entre Cuba y España iniciada en 1868. Es más, formó parte del movimiento insurreccional dirigido por Carlos Manuel de Céspedes que comenzó el 10 de octubre de ese mismo año. Fue presidente de la República de Armas del 29 marzo 1876 al 19 octubre 1877 y delegado del Partido Revolucionario Cubano entre 1895 y 1898. Al declararse la independencia de Cuba se convirtió en el primer presidente de la isla del 20 de mayo de 1902 al 2 de diciembre de 1906. Alcanzó el grado de General y fue parte de la Asamblea de Guáimaro, también conocida como Gobierno de la República de los Campos de Cubalibre.

El linaje de los Estrada procede de Salamanca, España. Llegaron a Cuba a mediados del siglo XVI donde se convirtieron en una de las primeras y más importantes familias de la isla durante los siglos XVII, XVIII y XIX. Andrés María Duque de Estrada y Odoardo, padre de Tomás Cirilo nació a mediados del siglo XVIII estudio leyes, fue Regidor, Alcalde Ordinario y Alguacil Mayor de Bayamo. De su matrimonio con María Candelaria de la Palma y Tamayo nació Tomás Cirilo en Bayamo. Este estudio Derecho en las universidades de La Habana y de Sevilla. En 1879 Estrada Palma fue nombrado director de Correos Nacionales de Honduras; en ese ámbito social conoció a Genoveva (www.elveraz.com/pdf/estradapalma.pdf).

Al igual que su hermana Genoveva, Galatea conoció a otro extranjero llegado en iguales circunstancias a Honduras, el militar Carlos Roloff Mialofsky (Karol Rolow-Miałowski (Varsovia 4 noviembre 1842 - Guanabacoa, Cuba, 17 mayo 1907) con quien contrajo matrimonio el 3 de febrero de 1883. Hijo de padres polacos, nació en la Rusia imperial. Al morir su padre la familia se trasladó a Estados Unidos de América donde sirvió en el ejército durante la guerra civil, posteriormente se estableció en Cuba trabajando en los campos azucareros, participó activamente en el movimiento de independencia (López, Loyola & Silva, 2007). Él y Estrada Palma formaron parte del grupo de exilados cubanos que llegaron a Honduras después de la guerra de los diez años.

María Guadalupe, otra de las hijas del matrimonio Guardiola Arbizú se casó con el abogado José Trinidad Ferrari Agüero (Tegucigalpa 22 mayo 1836-19 mayo 1954), hijo de José María Ferrari (1809-) originario de Ragosa, Italia y Mariana Agüero Midence (1801-1893). José María y Mariana también fueron los padres de: María del Carmen (1827-1918), María Petrona (1832-1903), Sara (1833-1905), Beatriz de Jesús (1836-1917), José Rosendo (1840-), Esteban (1841-1925), José Antonio Basilio (1842-1915), José María (1844-) y Trinidad (1854-1911) Ferrari Agüero.

El abogado José Trinidad fue un importante funcionario público: Ministro de Gobernación durante el gobierno de José María Medina, diputado Constituyente (1880), decano de la facultad de Jurisprudencia y Ciencias Políticas, Rector de la Universidad (1865-1868) y miembro de la Academia Científico-Literaria de Honduras, ministro de Instrucción Pública, Magistrado de la Corte Suprema de Justicia. Resultaron del matrimonio Ferrari Guardiola 13 hijos: Maximiliano (Tegucigalpa 8 junio 1876-16 agosto 1918), Cecilia Guadalupe (1871-), Luís Trinidad (1850-), Trinidad (1866-1912), Trinidad Luisa (1869-1912), Carlos Eusebio (1873-1983), Trinidad (1873-), Eduardo (1875-1985), Mónico Constantino (1879-) María del Carmen (1881-), Alfonso María (1883-1994), Guillermo (1886-1996) y León Humberto (1887-1978) Ferrari Guardiola (ancestors.familysearch.org).

Maximiliano se casó con Trinidad Hortensia Bustillo Ocampo de 29 años en 1905 y fueron los padres de Fernando y María Margarita Ferrari Bustillo. Su hermana Cecilia Guadalupe se casó el 9 de noviembre de 1899 con el alemán Carlos Hartling -Karl Wilhelm Hartling Whilhelmine- (Schlotheim, Alemania 2 de septiembre 1869 –El Salvador 13 agosto 1920), autor de la música del himno nacional de Honduras. La boda Hartling-Ferrari se celebró en la iglesia de San Francisco de Tegucigalpa. Los padres de Carlos fueron Georg Friedrich Hartling y Johanne Henriete Whilhelmine Hartling. Estudió en el Conservatorio de Música del Gran Duque de Weimar, en el Conservatorio de Leipzig y en la Academia de Música de Múnich, llego a Tegucigalpa en 1896 contratado por el gobierno de Policarpo Bonilla como Maestro de Banda y Maestro de Música y Canto. Su esposa Cecilia Guadalupe fue la autora del libro *Recuerdos de mi vieja Tegucigalpa* (1953) y de su unión nacieron Alicia y Enriqueta Hartling Ferrari (-23 julio 1952), quién se casó con Basil F. Corty.

Con Juana Evangelista Lagos, Juan Ignacio Esteban Guardiola Amorós tuvo varios hijos. Uno de ellos fue Anastasio Guardiola Lagos (medio hermano de José Santos Guardiola Bustillo). Anastasio se casó en 1863 con María Ricarda "Calita" Cubas, que nació en el mineral de San Antonio de Oriente el 3 de abril de 1833; sus hijos fueron Esteban y Teresa Guardiola Cubas. "Calita" y sus hermanas Gertrudis y María de la Luz nacieron de la relación marital entre Manuela Cubas y Félix Cerna, hermano del padre Leandro y Dámaso Cerna esposa de José Manuel Castillo (Guardiola, 1932).

De una relación previa, María Ricarda había procreado a Dionisio "Nichito" Cubas, quien nació en 1853 en San Antonio de Oriente. Este se trasladó a Tegucigalpa para continuar con sus estudios, donde obtuvo el título de Bachiller en Filosofía en 1876. Posteriormente inició estudios de Derecho al igual que su medio hermano Estaban. En 1900 mediante acuerdo de la Secretaría de Gobernación fue nombrado escribiente extraordinario del Archivo Nacional con un sueldo de 40 pesos mensuales (La Gaceta, 1900 #1869: 226), se desempeñó como paleógrafo y escribiente de la misma institución y en 1920 ocupó el cargo de subdirector. Murió "Nichito" en 1938 a los 85 años (Clare, 1960).

Esteban (San Antonio de Oriente, 5 de mayo de 1869 – Tegucigalpa, 19 diciembre 1953) fue director de la misma institución entre 1903 y1907. Estudió en el Instituto Nacional donde enseñaban los cubanos Manuel García Fraire y el futuro presidente de Cuba, Tomás Estrada

Palma. En 1889 obtuvo el título de Bachiller y emprendió la carrera eclesiástica misma que abandonó para estudiar Derecho en la Universidad Central, graduándose en 1894. Desempeñó el magisterio y otros cargos públicos como Secretario Municipal de Tegucigalpa, director de la Biblioteca y Archivo Nacional, subsecretario y secretario de Instrucción Pública, como Magistrado de la Corte de Apelaciones y de la Corte Suprema, secretario de la Academia Científica de Honduras. Presidente cofundador de la Sociedad de Geografía e Historia (1926), también fue director de la Revista del Archivo y Biblioteca Nacional y de la Revista Foro Hondureño, delegado al Congreso de Periodistas (Guatemala 1911), presidente cofundador de la Academia Hondureña de la Lengua (1948) ocupando el sillón José Cecilio del Valle. También fue biógrafo de Francisco Morazán, José Trinidad Reyes, Ramón Rosa (1948), Rafael Alvarado Manzano (1934), Francisco Javier Botelo (1942), Francisco Márquez, Alfonso Ramírez Fontecha y Santos Guardiola. Escribió a Nuestra Señora de Suyapa (1947) y la Historia de la Universidad de Honduras, entre otras. Esteban fue nieto de Juan Ignacio Esteban Guardiola Amorós y sobrino de José Santos Guardiola Bustillo.

Marta, medio hermana de José Santos y una de las hijas de Bibiana Bustillo, se casó en 1843 con Román Vallejo Soto, hijo del cohetero José Antonio Vallejo y Narcisa Soto, casados en 1805. Marta y Román procrearon a Mateo y Antonio Ramón Vallejo Bustillo (Tegucigalpa 17 marzo 1844-Tegucigalpa 18 enero 1914). Es conocido como el padre Vallejo, primer director del Archivo y la Biblioteca Nacional (1880 y 1889), bachiller en Filosofía. A los 24 años se ordenó como sacerdote católico. Y el 5 de octubre de 1874 obtuvo el título de Abogado. En su vida profesional colaboró en la publicación de los periódicos La Paz, Honduras Industrial (1885 director y fundador) y el periódico oficial La República en 1890. Miembro

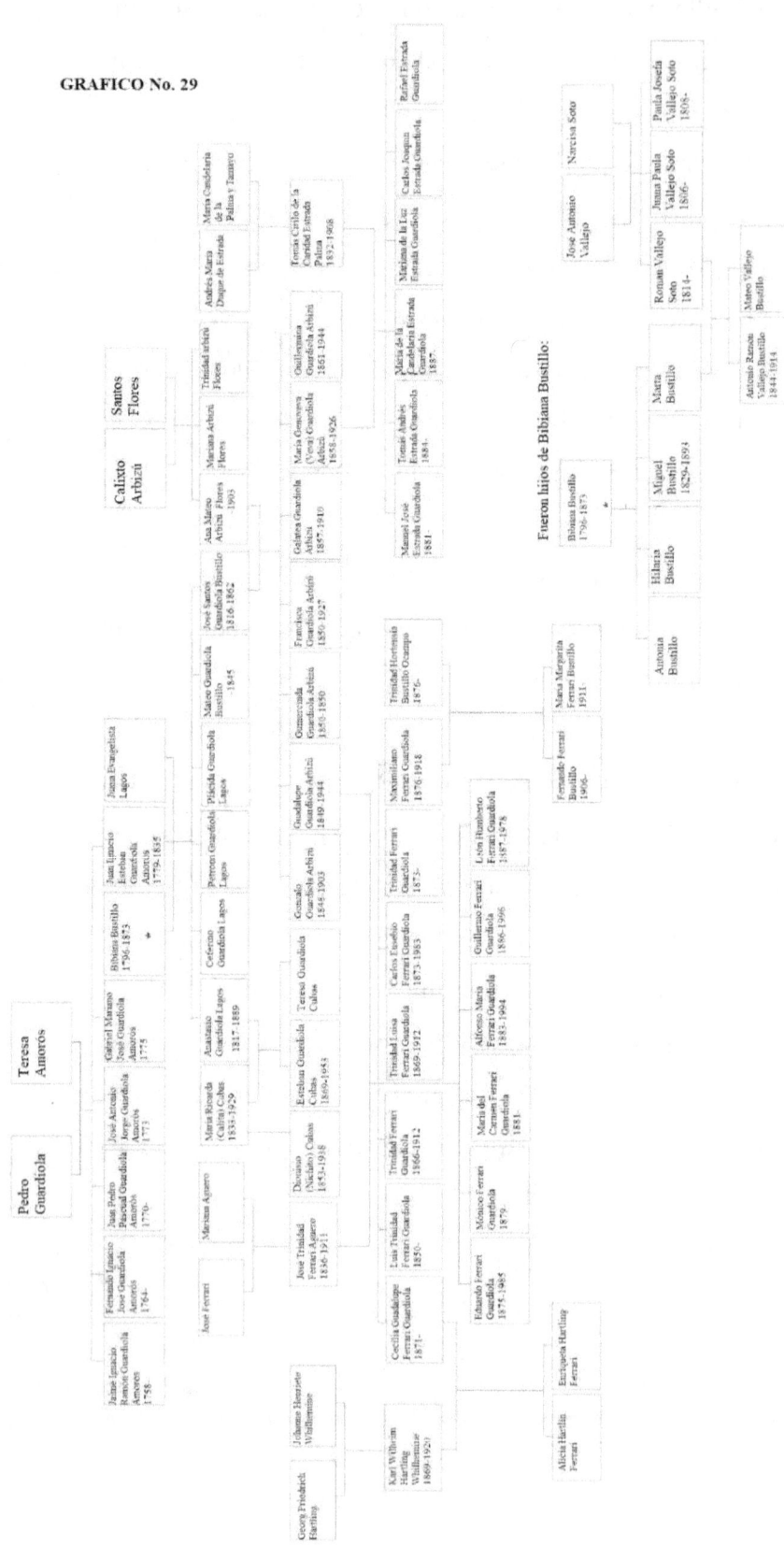

GRAFICO No. 29

de la Academia de Ciencias y Bellas Letras de El Salvador, académico de número de la Academia Científico-Literaria de Honduras, de la Real Academia Española y autor de numerosas obras. Murió a los 70 años (Reina, 1966).

Miguel Ángel Bustillo, otro de los hijos de Bibiana y medio hermano de José Santos, nació en Tegucigalpa, 1829, ordenado sacerdote en Nicaragua fue diputado por Olancho (1857 y 1860) y párroco del Sagrario de Comayagua (1862). Entro en conflictos con los gobiernos de José María Medina y Céleo Arias. Murió en La Unión, El Salvador en octubre de 1892.

Pedro Guardiola y Teresa Amorós:		
1ª generación: hijos de Pedro y Teresa		
Juan Ignacio Esteban Guardiola Amorós (1779-1835)		Bernarda Guardiola Amorós
1ª generación: hijos de Juan Ignacio Esteban		
Con María Manuela Vijil (casados en 1820) * Francisca Guardiola Vijil (1823-1874) casada con Bernardo Inestroza Otros hijos de María Manuela con Ramón Xatruch: * **Pedro Xatruch Vijil** * María Josefa Xatruch Vijil casada con Felipe Jáuregui Dardón (-1853)	Con Juana Evangelina Lagos: * Ceferino Guardiola Lagos * Petrona Guardiola Lagos * Plácida Guardiola Lagos * **Anastasio Guardiola Lagos (1817-1889)**	Con Bibiana Bustillo (1796-1873): * **José Santos Guardiola Bustillo (1816-1862)** * Mateo Guardiola Bustillo (-1845) Otros hijos de Bibiana fueron: * Miguel Ángel Bustillo (1829-1893) * Marta Bustillo * Hilaria Bustillo * Leonor Bustillo * Antonia Bustillo
2ª generación: nietos Juan Ignacio Esteban Guardiola Amorós		
José Santos Guardiola Bustillo casado en 1847 con Ana Mateo Arbizú Flores (1825-1903): * Gonzalo Guardiola Arbizú (10 enero 1848-1903) * Guadalupe Guardiola Arbizú (8 mayo 1849-1944) * Gumercinda Guardiola Arbizú (22 enero 1850-1850) * Francisca Guardiola Arbizú (3 agosto 1850-1927) * Galatea Guardiola Arbizú (31 mayo 1857-1910) * María Genoveva de Jesús Guardiola Arbizú (20 julio 1858-1926) * Guillermina Guardiola Arbizú (18 mayo 1861-1944)	Anastasio Guardiola Lagos casado en 1863 con María Ricarda "Calita" Cubas (1833-1929): * **Esteban Guardiola Cubas** (5 mayo1869-19 diciembre1953) * Teresa Guardiola Cubas Otro hijo de María Ricarda: * **Dionisio "Nichito" Cubas** (1853-1938) Marta Bustillo casada en 1843 con Román Vallejo: * **Antonio Ramón Vallejo Bustillo** (17 marzo 1844-18 enero 1914) * Mateo Vallejo Bustillo	

Otros hijos de José Santos fueron:	
<div style="text-align:center">* Hipólito Guardiola * Beatriz [Guardiola] Pino * Rafaela [Guardiola] Pino</div>	

3ª generación: tátara nietos	
María Guadalupe Guardiola Arbizú casada con José Trinidad Ferrari Agüero (1836-): * Luís Trinidad Ferrari Guardiola (1850-) * Trinidad Ferrari Guardiola (1866-1912) * Trinidad Luisa Ferrari Guardiola (1869-1912) * **Cecilia Guadalupe Ferrari Guardiola** (1871-) * Trinidad Ferrari Guardiola (1873-) * Carlos Eusebio Ferrari Guardiola (1873-1983) * Eduardo Ferrari Guardiola (1875-1985) * Maximiliano Ferrari Guardiola (8 junio 1876-1918) * Mónico Constantino Ferrari Guardiola (1879-) * María del Carmen Ferrari Guardiola (1881-) * Alfonso María Ferrari Guardiola (1883-1994) * Guillermo Ferrari Guardiola (1886-1996) * León Humberto Ferrari Guardiola (1887-1978)	**María Genoveva de Jesús Guardiola Arbizú** casada con **Tomás Cirilo José de la Caridad Estrada y Palma** (1835 -1908): * José Manuel Estrada Guardiola * Luz Estrada Guardiola * Carlos Estrada Guardiola * Tomás Estrada Guardiola * Cándida Estrada Guardiola Galatea Guardiola Arbizú casada con Carlos Roloff Mialofsky (1842-1907)

4ª generación: tátara - tátara nietos
Cecilia Guadalupe Ferrari Guardiola casada el 9 de noviembre de 1899 con **Carlos Hartling Whilhelmine** (1869-1920): * Alicia Hartling Ferrari * Enriqueta Hartling Ferrari Maximiliano Ferrari Guardiola casado con Trinidad Hortensia Bustillo Ocampo: * Fernando Ferrari Bustillo * María Margarita Ferrari Bustillo

Fuente: documentos consultados, adaptación propia.

III.   Conclusiones

La familia es una entidad social y cultural cambiante en la que los individuos que la integran han sido provistos, se supone, de las herramientas y modelos necesarios para actuar en asuntos públicos y privados. El nombre y la riqueza de las familias de alcurnia aquí tratados, el éxito individual de sus miembros, los cargos públicos, las asociaciones comerciales y alianzas matrimoniales, les permitió evolucionar y adaptarse a los cambios para mantener su influencia social, política y económica dentro de una sociedad histórica dada. Por ello, a través del tiempo las familias han formado redes mediante lazos de consanguinidad y afinidad.

Al estudiar la unidad familiar de alcurnia dentro de un conjunto de redes sociales podemos comprender y explicar la inserción social de cada uno de sus miembros y el intercambio de bienes e influencias en cada grupo social en ciertos contextos históricos. En el caso de Honduras, entre los siglos XVIII y XIX en particular entre las elites, las diferentes relaciones generadas dentro de la empresa familiar permitieron que sus miembros se relacionaran mediante acuerdos de negocios y se integraran a través del matrimonio a otras sociedades similares, fortaleciendo los lazos mercantiles, sociales y políticos a nivel local, regional y más allá de las fronteras nacionales.

El objetivo de esas relaciones era mantener el linaje, controlar e incrementar el patrimonio familiar, tener mayor influencia social y política, así como también acceso al Estado burocrático y al clientelismo político. El "amor romántico" y sobre todo desde el punto de vista de los padres y abuelos no era prioridad, ver Oyuela (2001: 256-260). Estas familias importantes por la cantidad de recursos que acumularon participaron activamente en los eventos generados durante los siglos XVIII y XIX como lo apuntan Balmori, Voss y Wortman.

Tanto las familias coloniales criollas como las familias republicanas de alcurnia procuraron que entre sus miembros hubiera funcionarios públicos permitiéndoles alcanzar y mantener poder político. Los casamientos y las alianzas comerciales les facilitó incrementar, extender y diversificar su patrimonio pudiendo de esa manera enfrentar los cambios sociales y políticos generados durante los acontecimientos de nuestra historia, especialmente durante las revueltas militares del siglo XIX, que bajo los ideales liberales y conservadores profesados por

111

varios de sus miembros buscaron controlar el Estado municipal y local por cualquier vía. Estos personajes de familias con trayectoria política se unieron mediante el matrimonio con las hijas de familias de renombre y capital logrando alcanzar algunos de ellos la presidencia del país. La red familiar expandió sus intereses más allá de la geografía local, regional y nacional al aceptar dentro del seno familiar a extranjeros con posibilidades económicas y relaciones diplomáticas.

Ello les permitió también ampliar sus horizontes al obtener nexos comerciales en el exterior, incrementar y afianzar sus relaciones dentro del gobierno. Los extranjeros, especialmente los norteamericanos y europeos eran sinónimo de capital, tecnología y con estudios avanzados. Fueron ingenieros en minas, constructores de obras públicas, caminos y comunicaciones. Militares que contribuyeron a formar el ejército. Fueron músicos, médicos y maestros que formaron con sus ideas liberales a la juventud nacional y se hicieron cargo de instituciones públicas. Los diversos cargos públicos desempeñados por los miembros de estas familias de alcurnia, los grados militares que alcanzaron y las profesiones que obtuvieron en los centros de estudio les permitió mantener relaciones con miembros de otras familias en iguales términos dentro de Honduras y en la región centroamericana. La asociación a centros culturales, religiosos y organizaciones políticas les facilitó de igual manera influir y controlar los destinos del país.

Para las familias de alcurnia representadas en este estudio a pesar de todas las relaciones de parentesco, alianzas y vínculos gestados desde los primeros casamientos entre finales del siglo XVII y durante los siglos XVIII y XIX que configuró una extensa red que les permitió llegar hasta una 6ª o 7ª generación al siglo XX. Cabe preguntarse ¿Podremos encuadrar estas familias dentro del estudio sobre redes familiares centroamericanas de larga duración y metamorfosis de Marta Casaus? Veamos algunos datos por los cuales el caso de estas familias es diferente:

Primero: algunas de las familias hondureñas de este estudio lograron llegar a una 6ª o 7ª generación al siglo XX, y en el transcurso del período estudiado cambiaron y se transformaron. Pero la mayoría de sus descendientes radicaron fuera de Honduras, como es el caso de los hijos de José Cecilio del Valle, de Dionisio de Herrera, de Francisco Morazán, varios de los Xatruch y Guardiola, los hijos de Marco Aurelio Soto y Ramón Rosa. Es a través de las ramas familiares alternas que alcanzaron esa trayectoria, cuyos representantes, a pesar de sus orígenes han carecido de la influencia que tuvieron sus antepasados.

Segundo: los personajes que alcanzaron la presidencia de la República y que forman parte de estas familias incursionaron en la política hasta finales del siglo XIX y buena parte del siglo XX: Marco Aurelio Soto Martínez, Tiburcio Carías Andino, Rafael Leonardo Callejas Romero, Ricardo Maduro Joest, Carlos Roberto Reina Idiáquez, Carlos Roberto Flores Facussé... Tal como lo explica Darío A. Euraque (1996), esta nueva clase política no surgió de la oligarquía terrateniente sino del proceso de los conflictos armados entre el Partido Nacional y Liberal y bajo la orientación y/o imposición de las empresas extranjeras bananeras.

Tercero: las últimas generaciones descendientes de estas familias se dedicaron a actividades privadas regionales fuera de Honduras y su participación en la vida pública se ha limitado a algunos cargos dentro del gobierno central en distintos ministerios.

A pesar de que el estudio de las redes familiares, de la parentela y de sus relaciones sociales-políticas y comerciales no es nuevo, y que en Honduras se han desarrollado varios trabajos sobre redes familiares, redes de poder, redes económicas y sociales, estos son muy escasos con fundamento pedagógico sistemático como se fundamenta aquí; no hay estudios que relacionen a varias familias de alcurnia durante el período que abarca este trabajo. Además, en estos estudios se carece de las formas gráficas que muestren las diferentes variaciones de las relaciones de antiguas familias coloniales que vivieron y sobrevivieron el proceso de Independencia de España, las diferentes contiendas armadas y que continuaron durante el proceso de transición y formación del Estado republicano a comienzos del siglo XX.

Por lo tanto, se busca con este estudio brindar un aporte historiográfico modelo de investigación y presentación especialmente para el estudio de las investigaciones histórico-genealógicas, y así contribuir a facilitar el entendimiento de las diversas relaciones e influencias familiares y de negocios que ejercieron estas familias antes, durante y después de la Independencia. También se pretende presentar de manera gráfica las diversas relaciones familiares aplicando metodologías y programas de estudios genealógicos existentes mediante plataformas accesibles por internet. Muchos de estos programas genealógicos son gratuitos, incluso con árboles genealógicos como la versión gratuita de *MyHeritage tree family builder versión 7.0. de GEDCOM-MyHeritage Corp.* versión 2010 utilizado en este trabajo. El programa nos permite ingresar el nombre de cada persona, fechas de nacimiento, matrimonio y muerte. Nos despliega las diferentes relaciones de cada uno de los integrantes de las familias en estudio. La investigación histórica genealógica puede llegar a varias generaciones si se tienen los datos necesarios para darle seguimiento.

Otro programa gratuito es FamilySearch, sección América Central, es un sitio perteneciente a la Iglesia de Jesucristo de los Santos de Últimos Días. Es una guía para la investigación genealógica en Honduras en la que se encuentra una lista parcial de registros de nacimientos, matrimonios, defunciones, obtenidos de los registros de la Iglesia Católica de varias localidades, cuenta también con datos censales, registros militares e historia familiar facilitados por aquellas personas interesadas en conocer más de sus antepasados. Estos formatos digitales se fundamentan en documentos oficiales de los archivos eclesiásticos, parroquiales y municipales.

IV. Anexos:

a) Gráficos genealógicos:

#	Grupo familiar	Pág.
1	Romero Abellán- López artica- Díaz Herrera- Díaz Izaguirre- Díaz Romero- Herrera Rivera- Quezada Borjas- Borjas Uriarte- Herrera Díaz- Zelaya Díaz- Díaz López- Valero Moralez- Díaz Díaz- Díaz Valero- Herrera Qezada.	21
2	Cabañas Herrera- Fiallos Castejón- Barrios Cisneros- Cabañas Fiallos- Barris Espinoza- Cabañas barrios- Ugarte Laínez- Díaz Díaz- Valero Morales- Samayoa Enríquez- Klee Guillén- Samayoa Klee- Díaz Valero- Díaz Ugarte- Díaz Samayoa- Díaz Matheu.	22
3	Guillén Ubico Perdomo- Klee Guillén- Díaz Díaz- Díaz Valero- Ugarte Laínez- Samayoa Enríquez- Díaz Ugarte- Samayoa Klee- Klee Martínez- Ayau Samayoa- Samayoa Pujol- Díaz Samayoa.	23
4	Fiallos Peña- Castejón Díaz- Fiallos Castejón- Maradiaga Bonilla- Herrera Rivera- Cabañas Herrera- Herrera Díaz- Cabañas Fiallos- Urmeneta Cabañas.	26
	Descendientes de Juan Bautista Quezada y María Borjas Alvarenga	27
5	Dáz Romero- Herrera Rivera- Borjas Uriarte- Cepeda Palacios- Vijil Cocaña- Xatruch Forastero- Xatruch Vijil- Jáuregui Dardón- Gardela Cepeda- Ortíz Cepeda.	28
6	Escoto Flores- Zelaya Alles- Zelaya Herrera- Zelaya Zepeda- Zelaya Midence- Romero Zelaya- Ramírez Ordóñez- Zelaya Díaz- Rivera Zelaya- Zelaya Fiallos- Fernandez Lindo- Lindo Zelaya- Travieso Rivera- Travieso Lastiri- Morazán Lastiri- Romero Ramírez- Callejas Santelices- Soto Salgado- Romero Espinoza- Romero Johanning- Romero Sevilla- Sevilla Ramírez- Sevilla Gamero- Callejas Romero- Callejas Bonilla- Callejas Lozano- Bnilla Gutiérrez- Lozano Fiallos- Alduvín Bonilla- Alduvín Lozano- Streber Mertens- Streber Soto.	33
7	Midence Romero- Zelaya Paz- Valdés Giraldez- Zelaya Midence- Fiallos Peña- Agurcia Midence- Midence Salinas- Irias Midence- Midence Valdéz.	34
8	Midence Garaicoa- Zelaya Paz- Midence Salinas- Lanza Soto- Soto Díaz- Irias Vellorín- Midence Zelaya- Agurcia Midence- Midence Soto- Irias Midence- Soto Midence- Rosales Lanza- Soto Rosales- Midence Castro.	36
9	Zelaya Midence- Fiallos Peña- Midence Garaicoa- Zelaya Paz- Vásquez Rivera- Alcántara García- Vásquez Alcántara- Zelaya Fiallos- Midence Zelaya- Midence Vasquez- Vásquez Lavaquí.	37
10	Midence Garaicoa- Zelaya Paz- Salabarría Siguenza- Vásquez Rivera- Alcántara García- Flores Madrid- Midence Vásquez- Valle Salabarría- Arriaga Medina- Lazo Ordaz- Lazo Arriaga- Midence Valle- Midence Lazo- Lazo Midence- Midence Flores.	38
11	Midence Zelaya- Midence Salinas- Midence Palada- Flores Midence- Facussé Barjum- Flores Facussé- Flores Flake.	40
12	Herrera Rivera- Castejón Díaz- Fiallos Peña- Lanza Soto- Lanza Alvarado- Zelaya Fiallos- Fiallos Salgado- Ruíz Zelayandía- Fiallos Castejón- Cabañas Herrera- Barrios Cisneros- Barrios Espinoza- Cabañas Fiallos- Cabañas Barrios- Fiallos Ruíz-Fiallos Moreno- Fiallos Lanza- Urmeneta Cabañas.	41
13	Torres Valle- Paz Torres- Sevilla Girón- Reyes Paz- Reyes Turcios- Ortíz Sierra- Rosa Sierra- Sevilla Reyes- Sevilla Sevilla- Soto Díaz- Rosa Rodas- Rosa Reyes- Reyes Irías- Reyes Palacios- Rivera Reyes- Reina Bustillo- Zelaya Vijil- Reina Rivera- Valle Hernández- Avarado Manzano-alvarado Guerrero- Valle González.	46
14	Reyes Sevilla- Rivera Reyes- Reina Bustillo- López Recinos- Valenzuela Berlíoz- Reina Rosa- Reina Rivera- Reina Fiallos- Reina Castro- Reina Idiáquez- Reina Watson-Reina Valenzuela- Reina López.	51
15	Rosa Rodas- Reyes Sevilla- Rosa Reyes- Reyes Irias- Reyes Varela- Reyes Gallo- Reyes Castillo- Rosa Fortín- Zúniga Huete- Zúniga Tellería- Zúniga Rosa- Reyes Ramírez- Colindres Reyes- Rodríguez Reyes- López Reyes- Valle Hernández.	55

115

16	Soto Díaz- Lanza Díaz- Rosa Reyes- Soto Fiallos- Soto Hall- Soto Valdéz- Soto Rosa- Uclés Soto- Soto Martínez- Rosales Lanza- Lanza Alvarado- Carías Cárcamo- Carías Lanza- Soto Rosales- Soto Mijangos- Soto Valentine.	64
17	Soto Díaz- Lanza Díaz- Carías Cárcamo- Lanza Soto- Soto Chavarría- Uclés Soto- Streber Uclés- Uclés Salgado- Midence Soto- Soto Midence- Soto Rosales- A ndino Andino- Carías Galindo- Carías Andino- Carías Castillo- Carías Bermúdez- Carías Reyes- Carías Zapata- Fiallos Martínez.	66
18	Fiallos Peña- Midence Valle- Midence Vásquez- Valle Salabarría- Fores Madrid- Soto Chavarría- Midence Castro- Fiallos Salgado- Fiallos Ruíz- Fiallos Martínez- Soto Midence- Soto Rosales- Flores Corredor- Midence Flores- Midence Soto- Fiallos Soto.	67
19	Maduro Lindo- Cardoze Lindo- Joest Thabussot- Joest Midence- Midence Flores- Soto Midence- Maduro Cardoze- Joest Midence- Midence Soto- Pierrefeu Beughem de Houtem- Pierrefeu Midence- Midence Laínez- Maduro Joest.	68
	Parte de la descendencia de los hermanos Morazzani (Morazán).	73
20	Rosal Guzman- Morazán Alemán- Quezada Borjas- Morazán Quezada- Morazán Morazán- Cerrato Morazán- Rosal Morazán- Fuentes Rosal- Estévez Rosal.	82
21	Lozano Díaz- Rivera Zelaya- Lastiri Sagardia- Lozano Borjas- Lozano Lardizábal- Lastiri Lozano- Vijil Cocaña- Travieso Lastiri- Díaz Lastiri- Lozano Travieso- Díaz González- Lozan Díaz- Vijil González- Vijil Lozano.	89
22	Cocaña Fábrega- Lastiri Lozano- Vijil Cocaña- Lastiri Lozano- Díaz Lastiri- Lozano Díaz- Vijil González- Vijil Lozano- Vjil Lastiri- Vijil Molina.	90
23	Escalante Ocampo- Morazán Quezada- Freer Escalante- Gargollo Freer.	91
24	Lozano Lardizábal- Vásquez Alcántara- Gutiérrez Lozano- Bonilla Jirón- Vássquez Díaz- Bonilla Vásquez- Gutiérrez Lardizábal- López Gutiérrez- Lagos Laínez- López Ulloa- Larios Córdoba- Bonilla Gutiérrez- Callejas Bonilla- Larios Bonilla.	95
25	Morazán Martínez- Morazán Morazán- Serra Morazán- Córdova Serra- Rivas Córdova- Larios Córdova- Bonilla Gutiérrez- Larios Bonilla.	96
26	Gutiérrez Lozano- Bonilla Jirón- Vásquez Díaz- Gutiérrez Lardizábal- Bonilla Vásquez- Callejas Soto- Lozano Fiallos-Soto Valentine- Callejas Valentine- Callejas Lozano- Bnilla Gutiérrez- Romero Sevilla- Callejas Romero.	97
27	Callejas Santelices- Soto Salgado- Lozano Soto- Callejas Soto- Lozano Fiallos- Alduvín Lozano- Alduvín Abaunza- Romero Sevilla- García Alcántara- Callejas Valentine- Callejas Bonilla. Callejas Romero.	98
28	Xatruch Forastero- Vijil Cocaña- Guardiola Amorós- Guardiola Vijil- Xatruch Vijil- Xatruch Villagra- Xatruch Zúniga- Jáuregui Xatruch- Xatruch Gardela-	101
29	Guardiola Amorós- Arbizú Flores- Guardiola Lagos- Guardiola Bustillo- Guardiola Arbizú- Estrada Guardiola- Guardiola Cubas- Ferrari Agüero- Ferrari Guardiola- Hartling Ferrari- Ferrari Bustillo- Vallejo Soto- Vallejo Bustillo.	108

116

b) Cuadros generacionales:

Familia original y algunos personajes relacionados	Tipo de relación	Pág.
José Díaz del Valle María Josefa Romero – Manuela Izaguirre – Luisa Herrera		29
José Cecilio Díaz Díaz (José Cecilio del Valle)	Bisnieto de José Díaz del Valle, sus padres eran primos hermanos. Su tía Paula fue la madre de los hermanos Herrera Díaz, sus primos hermanos.	
José Dionisio de la Trinidad Herrera Díaz	Bisnieto de José Díaz del Valle, primo hermano de los hermanos Díaz Díaz. Su esposa, María Micaela Josefa Quezada Borjas, era prima hermana de José Francisco Morazán Quezada.	
Manuel Reyes y María Manuel Vallecillos		56
Felipe Santiago Reyes Turcios	Nietos de los Reyes Vallecillos, padres de los hermanos Reyes Sevilla.	
Juan José de la Santísima Trinidad Reyes Sevilla (el padre Reyes o padre Trino)	Hijo de Felipe Santiago y bisnieto de los Reyes Vallecillos.	
Antonio Tranquilino de la Rosa	Por casamiento de su hijo León Rosa Rodas con Mariana de Jesús Reyes Sevilla, hermana del padre Reyes. Su hija Isidora Josefa Rosa Reyes fue la madre de Ramón [Soto] Rosa.	
Ramón [Soto] Rosa	Hijo de Isidora Rosa Reyes, sobrina del padre Reyes y nieta de Antonio Tranquilino de la Rosa y Aguayo. Su padre, Juan José Soto Fiallos era tío de Marco Aurelio Soto Martínez. Él y Marco Aurelio eran primos, era medio hermano de Luisa Soto Valdéz y de Rosa Guerrero Rosa.	
Camilo, Horacio y María Antonia Reina Rivera	Hijos de Dolores Rivera Reyes (sobrina de padre Reyes) y Rafael J. Rivera. Sobrinos de Antonio Ramón Reina Bustillo, primos de Antonio Ramon Reina Castro, el padre de los hermanos Reina Idiáquez. Y medio hermanos de José María "Chema" Reina Fiallos y Jerónimo J. Reina.	
Rafael Ciriaco Alvarado Manzano	Por casamiento con Rosa Guerrero Rosa, medio hermana de Ramón [Soto] Rosa. Ambos hijos de Isidora Rosa Reyes, sobrina del padre Reyes.	
Rafael Heliodoro Valle	Bisnieto de Gabriel Reyes Sevilla el hermano del padre Reyes.	
Ángel Zúniga Huete	Por relación marital con Francisca Rosa Fortín, hija de Jacobo Rosa Reyes. Jacobo era hijo de Lisarda Reyes Irías, hija de Gabriel. Y su padre Antonio era hijo de Mariana de Jesús (Lisarda y Antonio eran primos hermanos).	
Walter López Reyes	Hijo de Betulia Reyes Ramírez, es tataranieto de Gabriel Reyes Sevilla -hermano del padre Reyes. Betulia y Dalila eran medio hermana de Alberto Reyes Rodríguez, sobrino del General Roque Jacinto Rodríguez Herrera el esposo de Dalila.	

José Francisco Morazán Quezada María Josefa Lastiri Lozano – Francisca Moncada – Rita Zelayandía – Teresa Escalante Ocampo	75
Cruz Ulloa	Por casamiento con Adela Morazán Lastiri, hija de José Francisco Morazán Quezada. Medio hermana de José Antonio, José Francisco y María Ester de los Dolores.
Dolores López	Por casamiento con José Antonio Morazán Ruíz Zelayandía, hijo de José Francisco Morazán Quezada.
Carmen Venerio Gasteazoro	Por casamiento con Francisco Morazán Moncada, hijo de José Francisco Morazán Quezada
José Antonio López Gutiérrez	Por casamiento con Josefina Ulloa Morazán, hija de Adela Morazán Lastiri y nieta de José Francisco Morazán Quezada.
Cesárea Josefa Morazán Quezada Antonio Cerrato	82
Pablo Morazán Martínez	Por casamiento con su sobrina nieta Manuela "Maruquita" Concepción [Cerrato] Morazán. Sobrina de Francisco Morazán Quezada
Félix Serra	Por casamiento con María Manuela Morazán Morazán nieta de Cesárea Josefa Morazán Quezada.
Emma Bonilla Gutiérrez.	Por casamiento con Manuel Larios Córdova, hijo de Manuela Córdova Serra (bisnieto de una de las nietas de Cesárea Josefa Morazán Quezada). Emma era hija de José Policarpo Bonilla Vásquez y Emma Gutiérrez Lardizábal.
Pedro Guardiola y Teresa Amorós	109
María Manuela Vijil	Viuda de Ramón Xatruch Forastero. Esposa de Juan Ignacio Esteban Guardiola Amorós.
Juana Evangelista Lagos	Esposa de Juan Ignacio Esteban y madre de Anastasio Guardiola Lagos. Medio hermano de José Santos Guardiola Bustillo.
Bibiana Bustillo	Madre de José Santos Guardiola Bustillo y Marta Bustillo, abuela de Ramón Antonio Vallejo Bustillo.
Ana Mateo Arbizú	Por casamiento con José Santos Guardiola Bustillo. Hijo de Juan Ignacio Esteban Guardiola Amorós (hijo de Pedro Guardiola y Teresa Amorós).
María Ricarda "Calita" Cubas	Por casamiento con Anastasio Guardiola Lagos. Hijo de Juan Esteban Guardiola Amorós, medio hermano de Juan Esteban Guardiola Bustillo y Francisca Guardiola Vijil.
Antonio Ramón Vallejo Bustillo	Hijo de Marta Bustillo medio hermana de José Santos Guardiola Bustillo.
Esteban Guardiola Cubas	Hijo de Anastasio Guardiola Lagos. Sobrino de José Santos Guardiola Bustillo y medio hermano de "Nichito" Cubas.
Dionisio "Nichito" Cubas	Hijo de Ricarda "Calita" Cubas, medio hermano de Esteban Guardiola Cubas
Carlos Hartling Whilhelmine	Por casamiento con Cecilia Guadalupe Ferrari Guardiola, nieta de José Santos Guardiola Bustillo.

Tomas Cirilo de la Caridad Estrada y Palma	Por casamiento con María Genoveva de Jesús Guardiola Arbizú, hija de José Santos Guardiola Bustillo.
Carlos Roloff Mialofsky	Por casamiento con la hija de José Santos Guardiola Bustillo, Galatea Guardiola Arbizú.

c) Ilustraciones:

#	Figura	Pág.
1	Ubicación de las principales minas de oro explotadas en Honduras, siglo XVI	11
2	Zona central de los actuales departamentos donde se registró la mayor actividad minera entre los siglos XVII y XIX	13
3	Zona central minera en Honduras a mediados siglo XVII y circuito minero de Tegucigalpa siglo XIX	14
4	Mapa de la Villa de Tegucigalpa en 1756	16
5	Vista panorámica de San Antonio de Oriente	17
6	Instalación maquinaria en la mina Guayabillas, Yuscarán	
7	Principales centros mineros de la región centro sur de Honduras	18
8	Billete bancario emitido por el Banco de Honduras en 1941	37
9	Plaza de Tegucigalpa y la Iglesia Limpia Concepción de María	45

VI. Bibliografía

"Honduras, registros parroquiales y diocesanos, 1633-1978" database with images, *Family-Search* (https://familysearch.org/ark:/61903/1:1:KXPM-CLS: 10 April 2020), Ema Sotera Gutierres Lardizábal, 24 May 1873; citing Baptism, San Miguel, Tegucigalpa, Francisco Morazán, Honduras, Arquidiócesis de Tegucigalpa (Catholic Church parishes, Archdiocese of Tegucigalpa), Honduras; FHL microfilm 004703297.

Abarca H., O. (2 diciembre 2016). Acerca de William Walker y su relación con algunas soiedades secretas. *REHMLAC* vol. 8 #2, p 70-94. _www.scielo.sa.cr › 1659-4223-rehmlac-8-02-00070 consultado en octubre 2020.

Acosta, O. (1997). Carlos Roberto Reina. Vol. 1 de Biografías ilustradas. Editorial EVENSA: Universidad de Indiana.

(1981). *Rafael Heliodoro Valle, vida y obra.* Roma: Instituto Italo-Latino Americano.

Acuerdo del nombramiento de Dionisio Cubas como escribiente extraordinario del Archivo Nacional. *La Gaceta #1869 del 20 abril 1900, serie 187, año XXIV.*

Acuña O., V. H. (4 junio 2008). *Walker en Centroamérica según la historiografía filibustera (1856-1860).* Boletín AFEHC No.36 disponible en http://afehc-historia-centroameri-cana.org/index.php?action=fi_aff&id;=1946. Consultado en diciembre de 2020.

Acta de matrimonios: libro copiador de matrimonios 0801-32-folio 242ss tomo XIII. Registro Nacional de las Personas.

Aguilar, E. c. (1987). *San Antonio de Oriente: conservación, restauración y desarrollo.* El Zamorano: EAP.

Amaya, B., J. (2012). *Los arabes y palestinos en Honduras (1900-1950).* Tegucigalpa: Guaymuras.

(2000). *Los Judios en Honduras.* Tegucigalpa: Guaymuras.

Anales del Archivo Nacional (agosto 1970). *Algunos datos sobre la ascendencia del General Tiburcio Carias Andino.* Tegucigalpa #8, año IV.

Ancestors.familysearch.org. *Maximiliano Ferrari Guardiola (1876-).* Family Search consultado en noviembre 2020.

Ramiro Pastor Zuniga Huete (1876-). Family Search consultado en noviembre 2020.

María Mercedes Lozano Fiallos (1851-1932). Family Search consultado en diciembre 2020.

Sara Etna Romero (1922-2009). Family Search consultado en diciembre 2020.

Archivo Nacional de Honduras. (22 de julio de 1818 caja #131, documento 4458). *Sociedad mercantil Juan Esteban Guardiola Amorós y Ramón Xatruch.*

Argueta, M.(1990). *Diccionario histórico biográfico hondureño.* Tegucigalpa: Universitaria. (1992). *Los alemanes en Honduras: datos para su estudio.* Tegucigalpa: Centro de Documentación de Honduras. Universitaria.

Antúnez C., R. (1967). *Biografía del matrimonio Bográn Morejón.* Tegucigalpa: Editora Nacional.

Balmori, D., Voss, S. F., & Miles, W. (1990). *Las alianzas de familias y la formación del país en América Latina.* México: Fondo de Cultura Económica.

Barahona, M. (2005). *Honduras en el siglo XX. Una síntesis histórica.* Tegucigalpa: Guaymuras.

(2019). *Elites, redes de poder y régimen político en Honduras.* Tegucigalpa: Guaymuras.

Barrios de Molina, F. (1992). *Origen de los apellidos hondureños más frecuentes en la actualidad.* España: s/e.

Belaubre, C. (febrero 2013). *Jauregui y Arellano, Mariano. Uno de los actores más destacados de una familia de poder conservadora de la ciudad de Guatemala.* Boletín AFEHC No.56 disponible en *www.afehc-historia-centroamericana.org consultado febrero 2019.*

(febrero 2015). *Jauregui, Manuel Bernardino. Vida de un presbítero secular del Arzobispado de Guatemala que ha sido abogado de la Real Audiencia, Rector de la Real y Pontificia Universidad de San Carlos en 1768 y 1777.* Boletín AFEHC No.50 disponible en *www.afehc-historia-centroamericana.org consultado febrero 2019.*

(enero 2016). *Mallol y Ritas, Narciso.* Boletín AFEHC No.66 *disponible en www.afehc-historia-centroamericana.org consultado enero 2019.*

Bustillo Reina, G. (1958). *El libro de Honduras: directorio y guía general de la República.* Tegucigalpa: Tipografía Nacional.

Blankgenealogy.com>familygroup. *Family group sheet for Osmond Levy Maduro / Anita Cardoze...* consultado en octubre 2020.

Baumgartner, L. E. / Sánchez, O. t. (1997). *José del Valle de America Central*. Tegucigalpa: Universitaria.

Cálix Suazo, M. (1996). *La posteridad nos hará justicia (Morazán y su hija costarricence)*. Tegucigalpa: Litografía López.

Casaus A., M. E. (1993). *La metamorfosis de las oligarquías centroamericanas. Centroamérica: balance de la década de los ochentas, una perspectiva regional.* Madrid: Fundación CEDEAL.

(1994). La pervivencia de las redes familiares en la configuracion de la elite de poder centroamericna (el caso de la familia Díaz Durán). *Anuario de Estudios Centroamericanos vol. 20, #2*, 41-69.

Castañeda de M. E. (1991). *La batalla del amor. María Josefa Lastiri*. Tegucigalpa: Lithopress.

Castañeda, S. G.A. (1937) *La revuelta de las traiciones*. San Pedro Sula: Biblioteca de la Sociedad de Geografía e Historia de Honduras.

Cid, M. T. (1944). *La vida ejemplar de doña María Guadalupe Reyes de Carías*. Tegucigalpa: Ariston.

Clare Vega, R. R. (1960). don Nichito Cubas. *Boletín de la Biblioteca Nacional*, 3/8 Vol 1 # 2.

Comandancia principal del puerto de Trujillo, 10 septiembre 1860. (1956). Proceso contra el filibustero William Walker. *Sociedad de Geografía e Historia de Honduras*, #1-9 tomo XXXIV p XXV-XXXVII.

Contreras, C. A. (2000). *Hacia la dictadura cariista: la campaña presidencial de 1932*. Tegucigalpa: Editorial Iberoamericana.

Cortés, H. R. (29 de septiembre de 2013). *Historia de Yuscarán: El Mineral de Yuscaran, siglo XIX*. Obtenido de yuscaran-historia.blogspot.com/2013/05/el-mineral-de-yuscaran-siglo-xix.html consultado en septiembre 2017.

(7 ene 2016). *Historia de Yuscarán: enero 2016*. Obtenido de yuscaran-historia.blogspot.com/2016/01/ consultado en septiembre 2017.

Diario Oficial de la Federación. (17 feb 1999). Acuerdo DOF: 17/02/1999 en www.dof.gob.mx consultado en febrero 2020.

Dodd, T. J., (2008) *Tiburcio Carías Andino retrato de un líder político hondureño.* Teguciglpa: Instituto Hondureño de Antropología e Historia.

Durón Z. F. y Gómez, J. (15 marzo 1937). Gesta de Bronce. *Diario La Época, edición conmemorativa.* Tegucigalpa.

Durón, R.E. (1904). *La provincia de Tegucigalpa bajo el gobierno de Mallol, estudio histórico 1817-1821.* Tegucigalpa: Tipografía Nacional.

(1930). *Biografía de don Juan Nepomuceno Fernández Lindo y Zelaya.* San Pedro Sula: Editora Nacional.

(29 febrero 1936). José Nicolás Irías. *Revista del Archivo y Biblioteca Nacional. Tegucigalpa; tomo XIV, # VIII.*

(1944). *Biografía del Doctor Marco Aurelio Soto; seguida de algunas producciones de carácter político,administrativo y literario del ilustre hombre público.* Tegucigalpa: Sociedad de Geografía e Historia de Honduras.

(1950). *Dionisio de Herrera escritos de don Dionisio de Herrera.* Tegucigalpa: Sociedad de Geografía e Historia de Honduras.

(1982). *Bosquejo histórico de Honduras.* Tegucigalpa: Baktun.

Elvir, R.A. (2000). *La villa de Triunfo de la Cruz en la historia llamada Tela desde 1829.* San Pedro Sula: Centro Editores.

Estrada, O. (25 julio de 2016). El clan de los Reina. *elpulso.hn* consultado en febrero 2020.

Euraque, D. A. (enero-julio 1991). La Reforma Liberal en Honduras y la hipótesis de la oligarquía ausente: 1870-1930. *Revista de Historia* #23: Costa Rica págs.: 8-56.

(septiembre-diciembre 1992). Formación de capital, relaciones familiares y poder político en San Pedro Sula: 1870-1958. *Revista Polémica* #18. San José, Costa Rica, págs.: 31-50.

(1996). *Estado, poder, nacionalidad y raza en la historia de Honduras: ensayos.* Choluteca: Ediciones Subirana.

(2001). *El capitalismo de San Pedro Sula. La historia política hondureña (1870-1972).* Tegucigalpa: Guaymuras. Segunda edición.

(16 - 19 noviembre de 2003). 200 años de categorías raciales y étnicas en Honduras, 1790-1990. *Ponencia Tercera Conferencia Internacional de Población del Istmo Centroamericano.* Centro Centroamericano de Población: Universidad de Costa Rica.

(2009). Los árabes de Honduras: entre la inmigración, la acumulación y la política. *Contribuciones árabes a las identidades iberoamericanas* págs.: 233-284. España: ROTOSA.

(2010). *El golpe de Estado del 28 de junio de 2009, el patrimonio cultural y la identidad nacional de Honduras.* San Pedro Sula: Central Impresora, S.A.

(2018). Policarpo Bonilla (1858-1926) luego de ejercer la presidencia de Honduras ¿se convirtió el Dr. Bonilla en el principal abanderado del capitalismo bananero norteamericano en su época? *Ponencia XIV Congreso Centroamericano de Historia,* Guatemala.

Expediente para acreditar la calidad distinguida de sus ascendientes maternos y paternos del Lic. Don José Cecilio del Valle, etc. (octubre-diciembre 1972). *Revista del Archivo y Biblioteca Nacional, tomo LVI #2.*

Ferrari de Hartling, G. (1953). *Recuerdos de mi vieja Tegucigalpa.* Comayagüela: Imprenta Libertad.

Finney, K.V. (febrero 1979). Rosario and the election of 1887: the political economy of mining in Honduras. *The Hispanic American Review, vol. 59 #1.*

Franceschi G., N. (2002). *Los Franceschi, Morazzani y otros, la pequeña historia de una familia.* Obtenido de www.nfghistoria.net consultado en agosto 2014.

García B., E. (2008). *Política y Estado en la sociedad hondureña del siglo XIX (1838-1872).* Tegucigalpa, Instituto Hondureño de Anropología e Historia.

García G., T. (1996). Los espacios de la patria y la nación en el proyecto político de José Cecilio del Valle. *Anuario de Estudios Centroamericanos,* vol 22, #1: Costa Rica.

GEDCOM-MyHeritage Corp. (2010). *MyHeritage tree family builder 7.0.* Obtenido de www.myheritage.es/family-tree-builder.

Genealogía de la familia Guardiola (septiembre-octubre 1952). *Revista del Archivo y Biblioteca Nacional tomo XXXI #3-4.*

Geoffroy Malcor Deydier de Pierrefeu: familytree by…en gw.geneanet.org>wikifrat>p=geo. Consultado en mayo 2020.

Gómez, P. (1999). Minas de plata y conflictos de poder: el origen de la Alcldía Mayor de Minas de Honduras (1569-1582). *Revista Yaxkin vol XVIII págs. 43-79.*

Gómez, R.P. y Pasinski, T. (19-23 julio 2004). Redes sociales y poder en la villa de Jeréz de la Choluteca, gobernación de Guatemala, 1541-1616. *Ponencia VII Congreso Centroamericano de Historia.* Universidad Nacional Autónoma de Honduras: Tegucigalpa.

Gómez, Z. P. (2012). *Minería aurífera, esclavos negros y relaciones interétnicas en la Honduras del siglo XVI (1524-1570).* Tegucigalpa; Instituto Hondureño de Antropología e Historia.

Guardiola C., E. (1994). *Vida y hechos del General Santos Guardiola.* Tegucigalpa: Universitaria.

Guardiola, E. (1930). *Monografía de San Antonio de Oriente.* Tegucigalpa: s/e.

(1932). *Retrato de Calita medallón.* Tegucigalpa: Tipografía Nacional.

(1939). *Biografía del Doctor Rafael Alvarado Manzano.* Tegucigalpa: Sociedad de Geografía e Historia de Honduras.

(s.f.). *Boceto biográfico del Doctor Ramón Rosa.* Tegucigalpa: Tiografía Nacional.

Guevara E., J. (2007). *Honduras en el siglo XIX: su historia socioeconómica 1839-1914.* Tegucigalpa, UPNFM.

Harper´s New Monthly Magazine. (mayo 1856). Silver in Honduras. *Harper´s & Brothers,* LXXII vol. XII p 721-732.

Hering, T. M.S., (septiembre-diciembre 2011). La limpieza de sangre. Problemas de interpretación acercamientos históricos y metodológicos. *Historia Crítica #45.* Universidad de Los Andes, Colombia. consultado de http://www.redalyc.org/articulo.oa?id=81122477003 en febrero de 2020.

Herrera, B. E. (1988). *Los alemanes y el estado cafetalero.* Costa Rica, EUNED 1ª edición.

Honduras: billetes de banco año 1941. En colnect.com>courrencies consultado en diciembre 2020

Infante, S., Page, L., Fernández, M., Flores, S.,Márquez, E. (1993). *Los alemanes en el sur (1900-1947).* Tegucigalpa: Universitaria.

Kanellos, N., Martell, H. (2000). *Hispanic periodicals in the United States, origins to 1960. A brief history and comprensive bibliography.* En books.google.hn consultado el 5/02/2020.

Leiva V., R. (1980). *Vigencia del sabio Valle.* Costa Rica: EDUCA.

Lombard, T. R. (1887). *The new Honduras, its situation, resources , opportunities and prospects* . New York: Brentano´s.

López C., F. Loyola V., O. Silva, L. (2007). *Cuba y su historia*. La Habana: Editora Félix Varela.

López R., W. (2009). *Surcando lo cielos tras la democracia en Honduras.* Tegucigalpa: Instituto Hondureño de Antropoogía e Historia.

MacLeod, M. J. (1980). *Historia socio económica de la América Central española, 1520-1720*. Guatemala: Talleres Piedra Santa.

Mapa de Honduras (diciembre 2019). Obtenido en *d-mapas.com*.

Marcos Carías Reyes. Honduras Literaria del siglo XX (16 de agosto 2015). Obtenido de hondurea.wordpress.com consultado en septiembre de 2020

Martell, E. comp. (1990). *Rumbo a Honduras 1538-1695.* Sevilla: s/e.

Martínez, L., E. (1968). *Biografía del General Francisco Morazán.* Tegucigalpa: Ministerio Educación Pública.

M.C. (6 junio 2017). *Prelados católicos de Tegucigalpa.* En www.latribuna.hn consultado en octubre 2020.

Medina D., J.A. (1995). *Historia general de la literatura en Honduras y glosario de términos literarios.* Tegucigalpa: Lithopress.

Mejía, R. E. (1948). *Camilo R. Reina, ensayo biográfico interpretativo de una vida ejemplar.* Tegucigalpa: Imprenta de la Policia Nacional.

Ministerio de Cultura España. (1694). *Confirmación de oficio José Díaz del Valle.* Obtenido de México 200 #20: http://www.pares.mcu.es, consultado en enero 2017.

Montes, A. H. (enero-febrero 1953). Juan Bautista de Morazán, el abuelo paterno del General Morazán. *Boletín Militar*, No.16-17 año III págs. 1-2/6.

Morán, J.C. y Morán R., J.C. (2010). *Potencias en conflicto. Honduras y sus relaciones con Estados Unidos y la Gran Bretaña en 1856 y la no aceptación del Cónsul Joseph C. Tucker.* Tegucigalpa: Ediciones 18 Conejo.

Moreno, L. (junio 1938). Los extranjeros y el ejercicio del comercio en Indias. En *Anales de la Sociedad de Geografía e Historia.* Guatemala año *XIV #XVI*.

Murga, F. (1978). *Enclave y sociedad en Honduras.* Tegucigalpa: Universitaria.

Newson, L. (1992). *El costo de la conquista.* Tegucigalpa: Guaymuras.

Oliva, A. (1996). *Gobernantes hondureños: siglos XIX y XX*. Tegucigalpa, Universitaria.

Oyuela, L. d. (1989). *Cuatro hacendadas del siglo XIX*. Tegucigalpa: Universitaria.

(1992). *José Miguel Gomes, pintor criollo: una aproximación biográfica*. Tegucigalpa: Colección Cultural Banco Atlántida.

(1997). *Dos siglos de amor 26 historias de amor documentadas de la sociedad hondureña de los siglos XVIII y XIX*. Tegucigalpa: Guaymuras.

(1999). *De santos y pecadores: un aporte para la historia de las mentalidades (1546-1910)*. Tegucigalpa: Guaymuras

(2000). *De la corona a la libertad. Documentos comentados para la historia de Honduras 1778-1870*. Tegucigalpa: Subirana.

(2001). *Mujer, familia y sociedad una aproximación histórica*. Tegucigalpa: Guaymuras

(2003). *Esplendor y miseria de la minería en Honduras*. Tegucigalpa: Guaymuras.

Paredes, L. (1970). *Los culpables (ensayo biográfico)*. Tegucigalpa: Imprenta Honduras.

Pérez C., P. (2006). *Santos Guardiola, política y guerra filibustera*. Tegucigalpa: Universitaria.

Pinto R., J. R. (2019). *Enclave minero: Washington Samuel Valentine*. En _____https://issuu.com › rpinto, consultado en noviembre 2019.

(27 agosto 2019). *Santos Soto Rosales*. en es.scribd.com>document>Santos-Soto-Rosales, consultado en diciembre 2020.

Real cedula de confirmación de esta Villa de Tega. y Heredia. (enero 1939). *Boletín del Distrito Central*, vol.I, año I, #3-10.

Recopilaciones de el semanario El Veraz. (s.f.). *Presidentes de Cuba: Tomás Estrada Palma*. Obtenido de www.elveraz.com/pdf/estradapalma.pdf Recuperado el 3 de febrero de 2014.

Reina V., J. (1966). *Biografía del Doctor Antonio Ramón Vallejo*. Tegucigalpa: Ministerio de Educación Pública.

Reina, G. B. (1957). *Historia de la pintura hondureña*. Tegucigalpa.

Restrepo, J. I. (diciembre de 2010). *Crítica a la obra de Celsa Flores*. Obtenido de www.celsaflores.com/category/critica. recuperado en julio 2014.

Rodríguez, O. Narváez, R. Mejía, C. y Ramírez, M (1991). *100 años de historia. Edición en homenaje al primer centenario del Partido Liberal de Honduras 1891-1991*. Tegucigalpa; Graficentro Editores.

Ruiza, M. Fernández, T. y Tamaro, E. (2004). Biografía de Gerardo Barrios. En *Biografías y Vidas. La enciclopedia biográfica en línea. Barcelona, España*. Recuperado el 25 de diciembre 2020.

Sanso, A. (1936). *Policarpo Bonilla apuntes biográficos*. México: Imprenta Mundial

Secretría de Educación Pública. Decreto No. 1 del 7 de diciembre de 1963. *La Gaceta #18,184 del 24 de enero de 1964, año LXXXVIII.*

Sociedad de Geografía e Historia de Honduras. (1933). *Monografía del departamento de Choluteca*. Tegucigalpa: Tipografía Nacional.

Squier, E. G. (1856). *Apuntamientos sobre Centro América, particularmente sobre los estados de Honduras y El Salvador*. Paris: Imprenta de Gustavo Gratiot.

Stone, S. (1974). *La dinastía de los conquistadores*. Costa Rica: EDUCA.

Taracena A., L. P. (1998). *Ilusión minera y poder político, la Alcaldía Mayor de Tegucigalpa siglo XVIII*. Tegucigalpa: Guaymuras.

Torres R., M. (11 octubre 1956). Datos biográficos de Julio Lozano Díaz. *El Constitucional #25.*

Tróchez, R. G. (1971). *Jerónimo J. Reina poeta y estadista*. Tegucigalpa: publicaciones Bancahsa.

Turcios, S. R. (abril-septiembre 1942). Los hijos del General Francisco Morazán. *Boletín del Distrito Central, vol. V año V #49-54.*

Turcios, S. R. (julio-septiembre 1942). La familia del General Morazán. *Revista del Archivo y Biblioteca Nacional tomo XXI Nos. 1,2,3* pág.: 61-64

Turcios, S. R. (julio-septiembre 1942). Doña Josefa Lastiri de Morazán. *Revista del Archivo y Biblioteca Nacional tomo XXI Nos. 1-3*, 49-54.

Vall, C. (12 abril 1943). Reseña histórico geográfica, económica y social del municipio de Yuscarán. *Boletín de la Biblioteca y Archivo Nacionales. Tegucigalpa, año III, #5.*

Valle, R.H., (1948). *Oro de Honduras, antología*. Tegucigalpa: Aristón tomo I.

Valladares R, J. (abril-junio 1971). Raíces hondureñas del General Cabañas. *Revista de la Academia de Geografía e Historia*, tomo LIV #4, 31-36.

Valladares, J.B. (agosto 15 1948). El abuelo paterno de Morazán. *Revista Tegucigalpa* año XXXI # 1060, 2.

Valladares, J. B. (1950). Nacimiento, matrimonio y muerte de Don Dionisio de Herrera. En *Vida y escritos de don Dionisio de Herrera*. Tegucigalpa: Sociedad de Geografía e Historia de Honduras.

Vallecillos, C. A. (1955). *Árbol genealógico del padre José Trinidad Reyes, pensamientos y juicios sobre su personalidad*. Tegucigalpa: Tipografía Nacional.

Ventura L., L. R. (2009). *El linaje de Lara y el poder en el occidente de Honduras (1580-1838)*. Tegucigalpa: Instituto Hondureño de Antropologóa e Historia.

Villars, R. (2001). *Para la casa más que para el mundo: sufragismo y feminismo en la historia de Honduras*. Tegucigalpa: Guaymuras

Vilas, C. M. (1998). Lo político y lo privado: redes de familias en la política centroamericana. *Género y Cultura en América Latina*. México: Colegio de México published págs.: 35-59.

Wagner, R. (junio 1987). Actividades empresariales de los alemanes en Guatemala, 1850-1920. En *Revista Mesoamérica*, # 13 pág.: 87-123.

Wells, W. V. (1857). *Exploraciones y aventuras en Honduras*. New York: Harper & Brother publishers.

Zelaya, O. G. (1992). *Tipificación del grupo social dominante en el antiguo departamento de Tegucigalpa, 1839-1875*. Tegucigalpa: tesis, s/e.

Zepeda, I. (2005). *La familia Midence: una historia vigente*. Tegucigalpa: Lithopress Industrial.

ISBN: 978-99979-0-794-3

www.ingramcontent.com/pod-product-compliance
Lightning Source LLC
Chambersburg PA
CBHW081713120626
46550CB00010B/3144